Frontier Series
日本語研究叢書 27

日本語数量詞の諸相
数量詞は数を表すコトバか

岩田 一成

くろしお出版　2013

まえがき

　岩田一成君の博士論文をもとにした『日本語数量詞の諸相』が，このたびくろしお出版のフロンティアシリーズの1冊として刊行されることになり，私に前書きを書いて欲しいという連絡をもらった。本書が出版されることを喜ぶと同時に，まえがきを書くことに多少のためらいを覚えたのも事実である。というのも，本書のテーマは日本語の数量詞ではあるが，私は日本語との対照的な視点は常に持ちつつも主としてフランス語を対象言語として研究をしている人間であり，いわゆる日本語学畑の人間ではなく，専門領域という観点からは本書のまえがきを担当するにはもっと適任の人がいることと思ったからである。しかし，教師と院生という立場の違いはあれ大学院の授業で共にいろいろな論文や研究書を読んで議論し合ってきた研究仲間として，また岩田君の博士論文執筆に際して遠慮無く批判しまた意見を述べてその進捗を見守った者として，本書のまえがきを引き受けた次第である。
　日本語の数量詞表現には構文的にも意味的にも多くの問題があり，また先行研究も多々あることはよく知られている。まずはそのようなテーマを博士論文に選んだことに敬意を表したい。もちろんどのようなテーマであれ，博士論文としてまとめるにはそれなりの困難があるのは当然である。しかし，たとえば受動態のようにさんざん議論されてきたテーマを選べば，まずは重要な先行研究の読破に時間がかかる。そして，新たな問題点を見いだすか，新たな視点からのアプローチができなければ，当該分野に対する貢献を含んだ内容の豊かな博士論文など書けないのである。日本語の数量詞というのもまさにそのようなテーマの1つである。したがって，博士論文でそのような類のテーマに挑戦するのはかなり勇気の要ることである。しかし，岩田君は

そのようなやっかいなテーマを，バランスの取れた記述と分析をしながら，肩肘張ることなく一見，淡々と論じているのである。今回，再読してみてもその印象は大きくは変わることはなかった。岩田君本人をよく知る者としては，まさに文は人なりという思いである。

　私は大学院では機能主義的な言語学や認知言語学関係の論文や研究書を院生達と批判的に読んでいるが，院生達が研究対象としている言語は日本語，中国語，英語，フランス語と多様である。岩田君が在籍していた頃も，日本語や中国語を研究している人達が多かったように記憶している。そんなクラスの中で，岩田君は落ち着いた感じで，授業でも的を射た質問をする院生であり，またクラスのまとめ役のようなタイプに感じられた。聞けば，岩田君は大学院に入る前に青年海外協力隊として中国で日本語教師を務めていたということであった。大学院に入ってからも一時中国に日本語教師として赴任していたが，日本語以外の言語で日本語を教えたことがあるというのは，日本語を相対的に見る目を養うという点では貴重な経験であり，彼の研究のバランスの良さの裏にはやはりそのような経験の存在が大きいのではないかと推測している。

　岩田君は問題を淡々と論じていると述べたが，それは論じている内容が軽いとか議論が浅いというような意味では毛頭ない。要は問題点が良く整理されていて，一つ一つの問題を着実に処理していっているということである。本書では，彼が定番4形式と呼ぶNCQ型，QのNC型，NQC型，NのQC型（Nは名詞，Cは格助詞，Qは数量詞），述部型（例：学生は三人だ），デ格型（例：学生が三人で）といった諸形式の機能と特徴，それらの間の関係などが丹念に論じられている。また，日本語数量詞の代名詞的機能や，数詞'一'の機能といった興味深い問題も扱われていて，まさに日本語数量詞の諸相というタイトルがぴったりである。定番4形式については，先行研究の中には形式上の入れ替えテストによる機械的な議論に終わっていたり，一部の問題に議論が集中していたりすることもあるが，岩田君は細かいニュアンスの違いを追求して，これまでの議論では注目されなかったり，なぜかあまり触れられることのなかった問題などについても丹念に見ている。問題点が良く整

理されているということは，たとえそれぞれの点について異論や疑問を持つ読者がいた場合も，いわば著者と読者の間での（架空の）議論が成立しやすいということであり，結果的に当該の研究テーマとなっている現象の解明に資するところ大である。

　本書における具体的な観察や分析とその妥当性の評価については，それぞれの読者の判断におまかせしてここでは細かく立ち入ることはしない。1つだけ付け加えておくと，第9章の「コーパスから見た各形式の出現頻度」の部分は，今回新たに追加された部分であり，博士論文で扱った現象を数量的な面から補足することになっている。コーパスの利用によって，出現頻度の高い数詞や助数詞が明らかにされたり，助数詞が異なると出現する形式の傾向も違うなどといった，今後の研究の出発点になりそうなこともいくつか明らかにされており，数量詞の諸相にはまだまだ先がありそうである。

　個人的に特に興味を持って読んだのは第7章の数量詞が既出の指示物，または発話現場に存在する指示物を差す数量詞の代名詞的用法と，第8章で扱われている，数詞一の機能についての部分である。代名詞的用法に関しては，数量詞一が代名詞的に用いることができないこと，また代名詞と違ってたとえば「二人」なら二人というその形のままで，二人称にも三人称にも用いることができることなどが先ず現象として興味深いが，さらには指示詞や人称代名詞が数量詞に付いた場合には取り立て機能がある点など，テキスト的な現象としてさらに研究を発展させることができそうである。また，数詞一の機能については，西洋語の不定冠詞と共通するいわゆる「取り出し」で説明出できる用法と，それ以外の用法との頻度差や相互の関係など，未解決の問題を含めて刺激的に読めた。ただし，個人的に興味を持った部分については，それだけ疑問や私なりの別の分析や仮説も持ちながら読んだことを付け加えておく。それは，扱われている現象と分析が刺激的であるからこそである。今，岩田君が眼の前にいるならば，あの頃授業でしたようにそれらの点についておおいに議論したいところである。

2013 年晩夏　モンパルナスにて
春木　仁孝

目　次

まえがき i

第1章　論を始めるに当たって 1
1.　本稿の進め方／2.　先行研究／3.　本稿出発点としてのNCQ型

第2章　QのNC型数量表現 25
1.　先行研究と本章の目的／2.　QのNC型とNCQ型／3.　典型例の検証／
4.　周辺的な例／5.　本章のまとめ／6.　本章に関する追加説明

第3章　NQC型数量表現 55
1.　先行研究と本章の目的／2.　NQC型数量表現の特徴／3.　実例の分析／
4.　数量詞の名詞性／5.　NQC型とNCQ型／6.　本章のまとめ

第4章　NのQC型数量表現 75
1.　本章の目的と先行研究／2.　NのQC型の数量表現／
3.　日本語の連体修飾における意味構造とNのQC型／4.　考察／
5.　内・外の関係と制限・非制限的連体修飾／6.　本章のまとめ

第5章　名詞句内数量詞の位置と意味 93
1.　名詞句内数量詞／2.　先行研究／3.　考察／4.　表現の使い分け／
5.　本章のまとめ

第6章　述部型・デ格型数量表現 109
1.　本章の目的と分析対象／2.　コーパス分析／3.　考察／4.　本章のまとめ

第 7 章　代名詞的用法 ……………………………………………………… 125

I 部　日本語数量詞の代名詞的用法

1. はじめに／ 2. 数量詞代名詞的用法に関わる制約／
3. 数量詞が代名詞的機能を持つプロセス／
4. 人称代名詞と数量詞代名詞的用法／ 5. 本章 I 部のまとめ

II 部　日本語数量詞の代名詞的用法と場指示語

1. はじめに／ 2. 指示詞による取り立て／ 3. 人称代名詞による取り立て／
4. 「指示詞＋名詞」について／ 5. 本章 II 部のまとめ

第 8 章　数詞 '一' に関する一考察 ……………………………………… 167

1. 数詞 '一' について／ 2. 先行研究と本章の目的／
3. '一' と '二以上' の違い／ 4. '一' の概念の成立／ 5. 考察／
6. 追加例：数詞 '一' を含む熟語／ 7. 本章のまとめ

第 9 章　コーパスから見た各形式の出現頻度 ………………………… 197

1. 本章の目的と分析対象／ 2. コーパスデータ／
3. メディア / ジャンルと数量表現／ 4. 語彙と数量表現／
5. 本章のまとめと課題

第 10 章　結　論 …………………………………………………………… 215

1. 日本語数量詞の諸相：数量詞は数量を伝えるコトバか？／
2. ポスト『現代日本語文法』世代の研究方法論について

謝　辞 …………………………………………………………………………… 223
フロンティアシリーズ刊行につきまして ……………………………………… 225
用例出典 ………………………………………………………………………… 227
参考文献 ………………………………………………………………………… 229
索　引 …………………………………………………………………………… 237

第 1 章

論を始めるに当たって

　本章では，研究の進め方，先行研究など本論を始める前に整理しておきたい基礎情報をまとめる。

1. 本稿の進め方

　本稿は日本語数量詞が使用状況によって様々な意味・機能を有することを記述することが目的である。以下では大きく数量詞が数量表現として用いられている場合と，数量表現以外で用いられている場合に分けて対象を紹介したい。ここで言う数量表現とは，数量を伝達する機能を持った数量詞の使用としておく。具体的には 1.1 であげている定番 4 形式が出発点となる。なお，進め方としては，できるだけ様々な資料から言語事実の収集・記述を行い，その後でどうしてそうなるのかを問うという順序で論を進める[1]。収集した言語データをもとに議論を進めることを基本的なスタンスとしたい。

1.1　数量表現としての数量詞使用

　日本語の数量表現に様々な形式があることはよく知られている。『日本語

---

[1] 「いかなる科学でも，それがわれわれをめぐる自然界の理法にたいする，人間の知恵による探求という知的作業であるかぎり，問題となる事象が，いかに（how）あり，なにゆえに（why）そうあるかということが，ふつう，この順序で，とわれなければならないであろう。」(橋本 1978a: 2) という指摘に影響を受けている。

百科大事典』(大修館書店)の「数量の表現」という項(矢澤 1988)を見ると,述部以外の数量数詞[2]の出現位置として,以下の4タイプがあげられている。この形式は多くの研究で議論の出発点となっていることから定番4形式と呼びたい(それぞれの例文に付いているN・C・Qという表記はNoun「名詞」,Case「格助詞」,Quantifier「数量詞」を表す)。

① 三人ノ学生ガ反対シタ　　　　　　　(QノNC型)
② 出席シタ学生ノ三人ガ反対シタ　　　(NノQC型)
③ 学生ガ三人反対シタ　　　　　　　　(NCQ型)
④ 学生三人ガ反対シタ　　　　　　　　(NQC型)

これらの使い分け(位置と意味の関係)に説明を与えることが本稿前半の中心テーマである。一体こんなにたくさんある数量表現を日本語話者は何に基づいて使い分けるのであろうか。また,実際に使用例を収集していると,定番4形式以外に以下のような例も見つかる。特に話し言葉ではこういった形式がよく使われている。

⑤ 学生ハ三人ダ　　　　　　　　　　　(述部型)
⑥ 学生ガ三人デ住ンデイル　　　　　　(デ格型)

⑤や⑥のような形式はこれまで数量詞研究の対象にはされてこなかった[3]。よって括弧の中に示した名称は筆者が付けたものである。ここまで見た①~⑥のような形式を考察対象の数量表現とする。
　ここで考察対象をもう少し明確にしたい。本稿は「Nについてその数とカ

---

[2] 本稿では,数量数詞という用語を使わずに,数量詞と呼ぶ。数量詞とは,〔1, 2, 3…〕などの数詞と〔本,冊,人…〕などの助数詞を足したものである。

[3] ⑥については,格助詞の研究で「範囲を表す」デ格の用法として「数量詞+デ」の形式が記述されている(阪田 1971a)。また,日本語教育用の辞典である庵他(2000)では,まとまりを表すデ格の用法という記述はあるが,どちらも数量詞の研究ではない。

テゴリー情報をQが表すもの」に絞って数量表現を見ることにする。「学生が二人…」という場合は，学生の数を'二'が表し，学生は'人'というカテゴリーに含まれると考える。①〜⑥の例はどれも数量詞と名詞が互いに参照(refer)している。よって以下のような数量詞は，名詞と数量詞が相互参照していないため対象から外したい。川端(1967)では度数詞と呼んでおり，北原(1996)では頻度数量詞と呼んで他の数量詞と区別している数量詞である。

(1) 　今年は東京へ3回行った。
(2) 　彼には3度会ったことがある。

このような数量詞は，基本的にNCQ型しかない。本稿前半では数量詞の位置と意味の関係を論じるものであり，これら位置の変化がないものを一緒に扱うことはできない。

　また，本稿で扱う数量詞は「数詞＋助数詞」で構成されるものに限定する。よって'たくさん''すべて'などの数量表現は扱わない。

(3a) 　たくさんの本を買った。　　　（QのNC型）
(3b) 　*本のたくさんを買った。　　　（NのQC型）
(3c) 　本をたくさん買った。　　　　（NCQ型）
(3d) 　*本たくさんを買った。　　　　（NQC型）

これも理由は上と同じで，(3a–d)を見るとわかるように，位置の変化にかなり制限があることによる。

1.2　数量表現以外の数量詞使用

　実際に使用例を集めてみると，数量表現以外にも更なる対象が浮かんでくる。それは以下にあげるようなものである。

⑦　　クラスノ日本人ハ須田ト山本ト岩田ダ。三人ハ仲ガワルイ

⑧　　アルトコロニ１人ノ若者ガオッタ　　（代名詞的用法）
　　　　　　　　　　　　　　　　　　　　（'一'の機能：不定マーカー）

　⑦のように代名詞として数量詞が使われている例はよく目に付く。また，⑧のように数詞が'一'のときは，不定マーカーとしての読みなどが出てくることが指摘されている (Downing 1996, 加藤［美］2003)。これらは，数量詞を用いているにも関わらず，数量表現ではない。照応（代名詞）や定・不定は，直示的なものを除くと，いわゆる談話の結束性に関わってくる機能である。

　では，こういった数量表現以外の数量詞使用は，どれくらいの割合を占めるのであろうか。本稿では，そのような視点で量的なコーパス調査も行っている。大規模ではないが，第９章でメディアやジャンルの違いによる差にも注目している。慣例に従い，メディアとは書き言葉や話し言葉といったバリエーションを指し，ジャンルとは，文学作品，新聞，公文書といった同一メディア内でのバリエーションを指す。特に両者を区別する必要がない場合（例えば，文学作品，新聞，会話の３者を比較するときなど）は，メディア／ジャンルと表記する。このような数量表現以外の数量詞使用や，メディア／ジャンル別の出現頻度などを分析するのが本稿後半の中心テーマとなる[4]。

　以上のように数量詞機能の多様性を視野に入れて議論していることが，『数量詞の諸相』というやや大きなタイトルを付けたゆえんである。以後の議論では引用するときを除き例文・表現形式を平仮名で表記する。

1.3　用語・記号の規定

　奥津 (1986) 他現在の慣例に従って，用語は以下のように規定する。

　　　数詞　　　　１，２，３…
　　　助数詞　　　匹，冊，kg，cm…

---

[4] なお，数量詞研究では，「77 キロノ学生ガ転ンダ」のような属性 Q（奥津 1983・1989・1996b）と呼ばれる形式も対象とされてきたが，他と異なるため本稿では扱わず岩田 (2008) に示している。

<u>数量詞</u>　　　数詞プラス助数詞

　数詞という用語には注意が必要である。国語学の伝統では，本稿で言う数量詞の意味で数詞という用語が用いられている。誤解を避けるためにも，引用の際その都度注釈を付ける。助数詞については，類別的なもの（匹，冊…）と度量衡の単位（kg，cm…）とに分ける立場がある。しかし中国語と異なり，日本語においてはその位置と意味機能の関係を見るに当たって特に異なった振る舞いをするわけではない。よって，議論の展開上必要なとき以外は基本的にそれらを<u>区別</u>せずに用いるが，全く同質のものであると主張するつもりはない。

　数量表現の各形式を以後，以下のように呼ぶ。それぞれの形式をバラバラに扱うときは，<u>NCQ型</u>，<u>QのNC型</u>，<u>NQC型</u>，<u>NのQC型</u>，<u>述部型</u>，<u>デ格型</u>，を用いるが，いくつかの形式をまとめて扱うときは，<u>定番4形式</u>，<u>名詞句内数量詞用法</u>という用語を用いる。名詞句内数量詞用法において，QのNC型とNQC型，NのQC型を同じタイプだとする根拠は第5章で述べる。冒頭であげた例のように，'QノNC'のようなカタカナ表記を用いている先行研究もあるが，前述の通り本稿では引用するときを除いて'QのNC'という平仮名表記を用いる。また同様に，N・C・Qという表記はNoun「名詞」，Case「格助詞」，Quantifier「数量詞」を表すものとする。なお，本稿では実際の用例を収集する際'が'や'を'といった格助詞が'は'や'も'で代行されている場合も，便宜上Case「格助詞」としてカウントし，例文の表記もCとしている。

<u>NCQ型</u>　　「学生が三人」のように名詞，格助詞，数量詞の順で並ぶタイプ

<u>QのNC型</u>　「三人の学生が」のように数量詞＋の，名詞，格助詞の順で並ぶタイプ

<u>NQC型</u>　　「学生三人が」のように名詞，数量詞，格助詞の順で並ぶタイプ

<u>NのQC型</u>　「学生の三人が」のように名詞＋の，数量詞，格助詞の順

で並ぶタイプ
述部型　「学生は三人だ」のように述部に数量詞がくるタイプ
デ格型　「学生が三人で」のように数量詞＋での順で並ぶタイプ
定番4形式　NCQ型，QのNC型，NQC型，NのQC型をまとめた呼称
名詞句内数量詞用法　QのNC型，NQC型，NのQC型をまとめた呼称

例文に付加する記号についても説明しておく。

*　文法的に非文であること
?　非文とは言い切れないが，少しすわりが悪い文であること
　→?の数が増えるほどすわりが悪くなることを表す
#　当該の文脈では意味が合わないこと

最後に，ここまで述べた各議論がどこで扱われているのかを一覧にしておきたい。

表1　本稿の見取り図

QのNC型	第2章
NQC型	第3章
NのQC型	第4章
名詞句内数量詞用法	第5章
述部型，デ格型	第6章
代名詞的用法	第7章
'一'の機能	第8章
コーパス分析	第9章

2. 先行研究

ここでは数量詞研究が今までどういった視点で行われてきたかを概観する。これまで数詞，助数詞を個別に扱うもの，数量詞として扱うものなど，

様々な研究がなされている。それらの研究を概観することで，数量詞に対する興味のあり方を明らかにする。

2.1 数量詞の品詞論

　数量詞の品詞を決定しようとする議論は多くの研究者の興味の対象となってきた。論点は，数量詞を名詞に含めてよいのかということである。数量詞は，基本的に一般の名詞と異なるところがないのだが，「学生が三人反対した」のように副詞的な用法を持つ点が特徴である。このように，数量詞には名詞性と副詞性の二面があるという指摘がなされている（森重1958，堀川2000）。ここでは品詞論に関わる議論だけをまとめたい。副詞性を取り上げる主張，名詞であるという主張，の順番で以後見ていく。

　山田（1908・1936），佐久間（1936），木枝（1937）では数量詞を形式体言としながらも，その副詞性を重視して，名詞とは別に扱うべきだと述べている。特に様々な議論において，数量詞を一品詞として扱う山田の名前はよく引用されている。比較的新しい研究でも，数量詞という名前の一品詞を他から独立して立てるべきだという主張がなされている（宇都宮1995b）。副詞としての性質を重視している研究には，三上（1953），川端（1967）のように数量詞の本籍を副詞に入れているものもある。

> 　数詞はむろん名詞としても使われる。算術の授業時間には名詞としての数詞から出発するかも知れないが，普通の談話では副詞的用法がさきであろう。英語の数詞がまず形容詞，次いで名詞（または代名詞）であるように，我が数詞（本稿で言う数量詞のこと：筆者注）は本籍を副詞，寄留地を名詞とするのが適当であろう。　　　　　　　　　　（三上1953: 54）

　また，数量詞だけが副詞性を持つわけではなく，時を表す名詞も副詞性を持つことから，数量詞と時の名詞との比較をしている論文があり（佐治1991），そこから時数詞という用語も使われることがある。外国人に日本語を教えるという実用面からも，数量詞と時を表す名詞は同様に扱うべきだと

述べ，時数詞を立てている研究（江副 1987）もある。ここまでは，数量詞の副詞性に注目する研究である。

一方，数量詞を名詞の一種と考える立場がある。橋本（1948）では，数量詞を名詞に含めている。数量詞が副詞性を持つのは，数量数詞の場合だけであり，序数詞「第一，第二章，三つめ，四番，五番」などは副詞的には使われないことや，時を表す名詞「きのう，あした」なども副詞的な用法があるのだから数量詞も名詞に含めてかまわないと言うのがこの立場である。加藤（1972），宮地（1972）も同様の指摘をしている。中には数量詞の副詞性を全く考慮せず，そのまま名詞に分類しているもの（鈴木 1997）もあるが，橋本（1938）では，以下のように述べている。

> 『ひとつ』『五足』『八尾』など普通の数詞は数の名を表すもので，数えて名づけた名であるという事がその特徴であります。これ等は文法上の性質は，一般の名詞と何等異なるところがありませんから，名詞の中にいれてよいものです。ただこの類の語を別に言う必要のあるときに限って『数詞』（本稿で言う数量詞のこと：筆者注）の語を用いるに過ぎません。
> 　　　　　　　　　　　　　　　　　　　　　　　　（橋本 1938: 45）

以上の流れを見ると，ほとんどの研究において数量詞の副詞性は認めながらも，それを中心と見るか周辺的な現象と見るかで意見が分かれていると言える。全体を概観すると，品詞論の流れにおいては数量詞を名詞に含める立場が通説となり落ち着いているようである（池上 1971b，宮地 1972）。

国語学の伝統ではないが，英語学との関連から数量詞を形容詞だと考える議論も存在する。英語では numerals が一般的に noun の前に位置する。明治初期は日本語の数量詞を 'quantitative adjectives' や 'numeral adjectives' などといった英語学の用語を持ち込み，形容詞として扱う文献も見られることが池上（1971b），宮地（1972）で指摘されている。Martin（1975）のような外国人による文献でも，同様の発想が伺える。また，数量表現の様々なタイプを紹介する際に，Q の NC 型を 'Basic' としている。つまり，名詞を修飾するのが

数量詞の基本的な用法であると考えているわけである（3. 節で詳しく述べるが，現在の研究では Adverbialization［NCQ 型］を無標としている）。

　　Basic　　　　　　二枚の色紙をとった
　　Adverbialization　色紙を二枚とった（Martin 1975：原典はローマ字表記）

2.5 で見る数量詞移動という議論は，こういった数量詞を形容詞と考える発想が関わっている。つまり数量詞を形容詞のようなものだと考える発想は，決して明治時代だけのものではないということである。角田（1991）ではこういった英語志向を「英語標準説」と呼び，研究者の間でもかなりこれを信じている人がいると指摘している[5]。

　本稿の立場としては，数量詞の品詞を決定すべきだとは考えない。様々な位置を取ることで，名詞的になったり副詞的になったりすると考える。第7章では代名詞として機能していることを指摘する。このように数量詞は品詞を決定することができないものであり，それが数量詞研究のおもしろさでもある。

2.2　助数詞の通時的研究

　日本語の助数詞はどのように変遷してきたのか，また，一見中国語からの借用に見える助数詞の中で，日本語固有のものはあるのだろうかといった興味から，歴史を遡っての数量詞研究がなされてきている。築島（1965）のように数詞だけを取り上げてその変遷を論じているものもあるが，通時的研究は助数詞を扱うものが多い。

　三保（2000・2004）の一連の研究は，木簡や古文献などから文字化されている助数詞の事実を整理し，助数詞の使用を記述しようとするものである。

---

[5]　角田（1991）は，日本語は特殊であると考える「日本語特殊説」と上記の「英語標準説」は誤解であることを類型論的に論じている。「英語標準説を信じる人は，言語の研究者の中にもかなり大勢いるらしい。」（角田 1991: 225）と述べて，その誤解の原因は，生成文法の影響や西洋志向であると指摘している。

それぞれの使用例を断片的に記述しているという感は否めないが，膨大な資料から歴史的事実を描き出しているという点で，資料としての価値は高い。こういった細かい積み上げは通時的研究にとって重要なものである。三保 (2006) は自身の研究を概説書の形でわかりやすくまとめている。また，通時的に数量詞の発音を中心に扱っている研究もある（安田 1978）。

　池上 (1940) は，助数詞は日本語の特性の一つであるという主張をしている。つまり，日本語に本来的に助数詞があったという指摘である。そして，日本語固有の助数詞として以下のものをあげている。

> 神を数へる場合の「柱」は古事記に極めて多く出てくる。「前」も少しある。人を数える尊称の「所」は正倉院の仮名文書中にあり，普通の「り」（又はたり）は一々云ふまでもなからう。植物を数えるのには「本（モト）」（紀　かみらひともと・萬葉集　五本柳）もあるが「つ」（萬葉集　二つ立つ櫟）も用いられる。…　　　　　（池上 1940: 19）

　他にも日本語には本来的に助数詞が備わっていたという主張は多く見られる。橋本 (1978b) でも，日本語固有の助数詞をいくつかあげている。また，渡辺 (1952) では数詞の自立性という観点からやはり日本語には固有の助数詞があったという立場を取っている。田中 (1987) では，日本語の上代語に一音節語が多かったことから，助数詞（類別詞）が発達する下地は備わっていたという指摘をしている。ただ，どの研究も認めていることであるが，日本語の助数詞に関して中国語からの影響は非常に大きい。

2.3　助数詞（類別詞）の意味論

　「鳥を数える'羽'が兎を数えるときに使われるのはどうしてか？」といった助数詞の使い方に関する疑問は，研究者のみならず一般人の興味の対象ともなり得るが，そういった助数詞の意味範囲をテーマにした研究も見られる（見坊 1965，三保 2006）。'兎'の例は少し変わった例であるが，一般的な助数詞に関しても使用ルールはわかりにくい。特に，早くから助数詞の使用

について興味を抱いていたのは外国人のようである。ロドリゲス(1608)やBrown(1863)では，助数詞の使い方について詳しい記述が見られる。

　数量詞は「1冊，2人，3匹，4本」などのように数詞と助数詞からなる。これらは具体的に指示物を指定できるわけではなく抽象的なカテゴリー情報とも言える。このカテゴリー情報は一体どの程度の指示範囲を持っているのかという疑問が出てくるのは当然である。カテゴリー情報を担うものという意味で使われるとき，助数詞は類別詞と呼ばれる。

　数量詞をカテゴリー情報として捉えた研究にレイコフ(1987)がある。認知言語学の観点からオーストラリアのヂルバル語の名詞接辞と日本語の助数詞'本'を取り上げて論じている[6]。ここではヂルバル語の名詞接辞も日本語の助数詞も共に分類詞とした上で，共に放射状カテゴリーを表すものの例として扱われている。「電話，映画，手紙」がすべて'本'で数えられるのはどうしてかといった疑問はそれまで日本人研究者には詳しく扱われてこなかった視点である。その後，助数詞の意味論については飯田朝子氏が「ロボット犬をどうやって数えるか？」といった興味深い議論を行っており，それらの結果を『数え方の辞典』(飯田2004)として公開している。また，李(2009)では助数詞'本'の使用実態についてコーパスを使って明らかにしている。

　上に述べたように，レイコフ(1987)ではヂルバル語の名詞接辞と日本語の助数詞を同じように扱っているが，それに対して井上(2003)は，両者を混同することは危険であるとしている。確かに義務的に必要とされる名詞接辞は，数量詞と同じであるとは言えないが，大局的な観点では，名詞接辞・ジェンダー(性)・類別詞は名詞を分類するものとして同種の扱いがなされている(渡辺1996，水口2004，松本2007)。

　「人間は，事物に名称を与える命名主義者(ノミナリスト)だといわれるが，同時に，事物を分類しないではおれない分類主義者(タクソノミスト)でもあるといえよう。」(宮本1993: 29)という指摘を引用するまでもなく，名詞の分類は人間の普遍的な性質から説明ができるであろう。ただ，分類に関

6　日本語の例はDowning(1984)をもとにしている。

して言えることは，カテゴリーのクラス(class)が増えれば増えるほど，その成員との関係は意味づけが可能になっていくがクラスが減るとそれが難しくなるということである。

　日本語の助数詞は 500 以上あると言われている[7]が，常用は 27 (Downing 1996) や 32 (松本 1991) といった数字があげられている。フランス語のジェンダーが男性女性の 2 種類だとすると，当然日本語の方が類別詞とその対象となる名詞との関係がわかりやすい。例えばフランス語でテーブルが女性になることに論理的な必然性は感じられない。一方日本語の '本' は「細長いものに使う」という使用規則(説明原理)がやや抽象的ではあるが見つけられる。ただ，日本語にも説明できない周辺的な使用方法はある(松本 1991)ので，これらの説明原理とはあくまで相対的なものである。レイコフ(1987)で紹介しているヂルバル語の例を見ていると，4 つカテゴリーがあれば，かなり使用規則が説明可能であることがわかる。そこでは客観的な事実だけでなく，神話などを考慮すると，4 つのカテゴリーの大部分が説明できることを示している。

　また，名詞のクラスの研究でよく例に出されるのはアフリカのバントゥ諸語である(西江 1978，橋本 1978a，宮本 1993)。よく知られているように，バントゥ諸語では名詞が 10 から 20 のクラスに分類される。西江(1978)では，民間伝承などを用いて分類の根拠とすることも，ある種のクラスを除くと非常に難しいという指摘をしている。一方，アフリカ哲学から分類を説明しようとする試みが宮本(1993)でいくつか紹介されている。少なくともヂルバル語よりは説明原理が与えやすいのではないかと推察する。ここでは，カテゴリーの数は違うが，名詞を分類する点においてそれぞれ共通することを確認しておきたい。

---

[7] 上述の『数え方の辞典』(飯田 2004)では助数詞及び助数詞相当の名詞として約 600 語が提示されている。

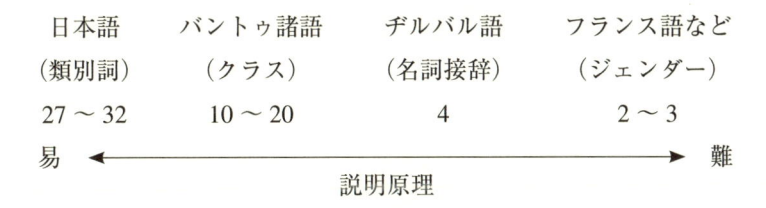

日本語	バントゥ諸語	ヂルバル語	フランス語など
(類別詞)	(クラス)	(名詞接辞)	(ジェンダー)
27〜32	10〜20	4	2〜3

易 ←──────── 説明原理 ────────→ 難

図1　カテゴリーの数と説明原理の難易

　カテゴリーは時間がたつとだんだん減少していくという変化の方向もレイコフ (1987) では示唆されている。これは日本語助数詞において'つ'や'個'が多用され，バリエーションが減ってきているという変化と一致する（飯田2005 など）。助数詞の意味論はカテゴリー化に関わる非常に興味深いテーマであるが，これを本稿で中心的に論じることはしない。

2.4　言語類型論と数量詞

　言語類型論の分野では，日本語のような類別詞（助数詞）を持つ言語と類別詞がなく性や数といった文法カテゴリーを持つ言語を対照して論じられてきている。世界の言語を見渡すと，数カテゴリー（可算・不可算の区別）を持つ言語（以下，名詞類別型言語）と類別詞を持つ言語（以下，数量詞類別型言語）に大別できて，それらは相補分布しているという指摘がある。

　　もしある言語が名詞類別型に属するならば，必ず名詞に義務的な数表示があり，逆に，もしある言語が数量詞類別型に属するならば，その言語は名詞の義務的な数標示を欠いている。　　　　（松本 1993: 43）[8]

　井上 (1999) では，助数詞とジェンダーが相互補完的な関係にあるという指摘を紹介している。ジェンダーと助数詞は共に，カテゴリー情報を担う点で

---

[8] "Very many languages make use of what are called classifiers for the purpose of explicit individuation and enumeration and have no distinction of singular and plural in nouns." (Lyons 1977: 227) という同様の指摘も見られる。

共通していることは 2.3 で論じたが，数カテゴリーと数量詞はどのように関わるのであろうか．

英語の名詞などにある可算・不可算の区別は，Langacker(1987)[9]によると，名詞の有界性に関わるとし，可算名詞は 'bounded region' を表し，不可算名詞は 'unbounded region' を表すとしている．不可算名詞は一般に個体ではなく物質を表すので物質名詞と呼ばれることもある．つまり 'apple, book, person' が可算で 'water, air' が不可算であり個体と連続体の区別をしていることになる．一方助数詞にも「人，匹，本」のように個体を分類するものと，「キロ，グラム，トン」のように連続体を区別するものがあり，こういった助数詞の区別は多くの研究で採用されている[10]．数のカテゴリーを持つ英語も持たない日本語も，個体と連続体の 2 分類を名詞で行うか数量詞で行うかの違いで，英語の数カテゴリーは義務であるという違いはあれど本質的には同じであると言える．なお，日本語と英語を例として両者の違いを論じている今里(2004)や他の文法現象も含めて大きな枠組みで名詞類別型言語と数量詞類別型言語を捉えようとしている松本(2007)の研究もある[11]．

こういった類型論的な視点を背景とした実験研究も行われている．例えば可算・不可算の区別を持つ言語と持たない言語ではモノの捉え方が違うのではないかという視点で様々な実験が行われている(Lucy 1992, Imai and Gentner 1997 など)．日本語を扱っている Imai and Gentner(1997) の実験は日本語話者と英語話者の比較を行うことで，数量詞類別型言語話者と名詞類別型言語話者はどのようにモノを見ているのかということを議論している．そ

---

[9] Langacker(1987)では，名詞と動詞が共通して有界性を持っていると言うのが主な主張である．

[10] Martin(1954) の 'unit counters：class counters'，張(1983) の「助数詞：単位名」，井上(2003) の「分類類別詞：測定類別詞」，加藤[重](2003) の「存在数量詞：非存在数量詞」，など多くの研究でこの 2 分類が見られる．

[11] マックスプランク研究所は，言語類型論をわかりやすくビジュアル化して公開している(http://wals.info/)．例えば，Chapters というタグから Number of Genders や Numeral Classifiers などというタイトルをクリックし解説を読んでいくと，解説の途中で地図上の分布が開けるようになっている．

れは新奇な単語 (a novel word) を与えて，その単語がそれぞれの話者にどのように理解されるかを見るものである。性質に重点を置いて理解するか，形に重点を置いて理解するかは母語によって左右される可能性があるという仮定で実験が行われている。結果だけを先に言うと，複雑な形，非有界的な素材に関しては日英で判断に差があまりないが，単純な形のものに関しては，差が出た。それは日本語では性質に注目して語の理解が見られたのに対し，英語では形に注目して語の理解が見られたということである。そこから考察として，個体と連続体を区別する存在論的な認識は普遍的であるとする考えを支持した上で，言語構造がモノの分類に影響を与えることも認めるという，両方の意見を認める結論になっている。なお，今井 (2010) では同じ数量詞類別型言語に属する日本語話者と中国語話者の間でもモノの認識に違いが出ることを指摘している。

2.5　数量詞移動と NCQ 型の成立条件

　生成文法の分野で一時期活発に議論されていたのが，数量詞移動というテーマである。そこでは，Q の NC 型や NQC 型が基底構造となって NCQ 型が派生されると考えられていた。そういった議論から数量詞遊離 (quantifier floating) 構文といった用語で NCQ 型を呼ぶようになったのである。NCQ 型が何かから遊離したものであると考える際，その基底形を明らかにしようとする議論（Q の NC 型なのか NQC 型なのか）が当初は行われていた。神尾 (1976・1977) では，Q の NC 型が基底構造で NCQ 型が派生されるとしているが，柴谷 (1978) は Q の NC 型の構造に近いものが基底構造であるという断定を避けた言い方をしている。また，奥津 (1969・1983) などでは，NQC 型を基底構造として NCQ 型，Q の NC 型が派生されるとしている。

　一方，井上 (1978)，寺村 (1991)，Downing (1996)，郡司 (1997)，堀川 (2000) など多くの研究で，移動という議論自体を疑問視している。三原 (1994・1998a) は生成文法の立場で移動を否定している。

　　なお，現行の理論的枠組みではもはや数量詞遊離という操作は存在せ

ず，いわゆる遊離数量詞を，S構造でそれが現れている位置に基底生成する。
(三原 1994: 140)

そもそもNCQ型を数量詞遊離構文という名称で呼ぶこと自体が，移動して形成されたという発想の現れであることから，その名称を疑問視したり (Downing 1996)，別の名前を用いたり[12] (三原 1998a・b・c, 堀川 2000) している研究もある[13]。しかし，まだまだ数量詞遊離構文という名称は広く使われている。小林(2004)では'遊離数量詞'という用語を用いているが，移動は認めないという立場を取っている。本稿もこれらの指摘と同じ立場であり，数量表現の様々なタイプは，移動して派生されるとは考えない。

数量詞移動という議論が起こった背景には，2.1で紹介したような数量詞を形容詞だと考える英語学の影響が考えられるが，NCQ型に使用制約があるという点も大きい。つまり，制約のないQのNC型を基底形として制約の多いNCQ型が派生されると考えるのはある意味自然な発想である。その使用制約とは，格助詞の制約で，その成立条件を記述する議論は多い。

(4) 学生が5人来た，学生を5人招待した
(5) ??彼は友達に2人プレゼントをあげた，??彼は犬と2匹散歩をする

例を見ればわかるように，NCQ型の成立条件とは端的に言ってしまえば，主語・目的語からの数量詞は遊離できるという一般化になる(宇都宮 1995a)。ただし，主語・目的語といったものが，ガ格・ヲ格といった表層格の問題であるのか，主語・目的語といった文法関係の問題であるのかは議論が出ている。前者は柴谷(1978)，後者は益岡(1982)があげられる[14]。また，成立条件を

---

12 数量詞遊離構文に代わって，数量詞連結構文という名称が用いられている。

13 郡司(1997)では浮遊数量詞と呼んでいるが，日本語数量表現が様々な形式を持つことを指している。よってNCQ型のQを指す遊離数量詞とはニュアンスが異なる。

14 ここではこの議論を詳しくは扱わないが，塚本(1986)に詳しい。そこでは「文法関係説」「格助詞説」「文法関係・格助詞説」の三つに分けて先行研究を分類している。

より詳細に記述すべく様々な立場から研究がなされている。

　Miyagawa(1989)は c 統御という概念で数量詞遊離を統語論的に分析している。そこでは，主語を修飾する数量詞は目的語の後ろには置かれない，項 (argument) からの数量詞遊離は可能であるが，付加詞 (adjunct) からは不可能であるなどが主張されている。Naito(1995) は Miyagawa(1989) を受けて，統語論的な分析だけではこの問題は説明できないと指摘し，語用論的な分析の必要性を主張している。高見 (1998a・b・c) では Miyagawa(1989) に批判を加えた上で，機能論的分析を加えている。そこでは，数量詞遊離を許す名詞句は，その文の主題として機能し得るものでなければならないと主張し，重要な情報は動詞の直前に現れるという日本語の文の情報構造について指摘した上で，「数量詞の移動もその情報構造を遵守しなければならない」としている。三原 (1998a・b・c) も Miyagawa(1989) に批判を加えた上で，動詞を4種類に分けて数量詞連結構文が成立しやすいものから成立しないものまで4段階に分けている。その4段階に区分する基準は動詞の意味に内在化されている完了性・未完了性といったアスペクトの観点や，動作の終了時点における変化結果性である。それらの分析に語彙概念構造 (LCS) を用いて理論的なサポートを行っている。しかし，この三原の分析結果を受けて行った飯田 (1998) によるアンケート調査の結果はこの4段階をあまり反映していなかった。つまり三原が成立しやすいとした文を必ずしも日本語母語話者が認めているわけではないということである。ここでは，たくさんの先行研究があるにも関わらず，まだ決定的な主張が出ていないことを確認したい。本稿はこの格助詞の制限について議論は行わない。ただ，ガ格・ヲ格だけが他の格と異なる現象は他にもあることを 3.1 で論じる。

2.6　数量詞の形式と意味

　数量表現は様々な形式を持っており，今までそれらの形式と意味との関係をテーマにした研究もたくさん出ている。本稿前半の中心テーマもここに入る。これらの研究は多岐に渡っているため，以後の各章で個別に紹介していくが，先行研究の数には偏りがある。ここで，1.1 で紹介した『日本語百科

大事典』の4つの数量表現を再掲する。

① 　三人ノ学生ガ反対シタ　　　　　　　　（QノNC型）
② 　出席シタ学生ノ三人ガ反対シタ　　　　（NノQC型）
③ 　学生ガ三人反対シタ　　　　　　　　　（NCQ型）
④ 　学生三人ガ反対シタ　　　　　　　　　（NQC型）

　この中で，QのNC型，NCQ型に関しては非常にたくさんの議論がなされている。ところが，上のタイプすべてを扱っているものはKim（1995），Downing（1996）ぐらいである。近年完成した日本語の参照文典である日本語記述文法研究会編（2009）は，①③④を扱っているが，②は扱っていない。
　各形式の現代語における先行研究は各章で紹介するが，通時的な変化を扱ったものについては，ここで紹介したい。金田一（1988）ではQのNC型は英語の影響を受けて成立した最近の用法であり，かつて数量表現はNCQ型であったと指摘している。どの時代を指しているのかあいまいな点はあるが，QのNC型の使用が増えてきているという指摘である。山田（1908）の指摘も示唆的で，数量表現の様々な形を6タイプに分けて紹介しているのだが，QのNC型は例が非常に少なく，他は文レベルで例文が提示されているのにそこだけ例が「七冊の書籍，五人の朋友」のように名詞句になっている。つまり，1908年の段階では，文の中にQのNC型が入りにくかったのではないかという推察が働く。
　一方で，平安時代の物語にQのNC型が使われていたという事実があり，それをどう説明するのかという問題が出てくる。室井（1997）では，古代の日本語における「人数＋の＋人（例：ヒトリノヒト）」の人数表現を分析しており，訓読文体との関係を指摘した上で，「少なくとも平安期の「-ノヒト」が翻訳臭のする表現であったことは確かである」（室井1997: 84）と述べている。また，峰岸（1986）では漢文の「数詞＋名詞」構造が日本語に訓読される際，「数詞＋の＋名詞」という形になることを指摘している。更に，室井（2006）では『今昔物語集』から人数表現を中心に数量表現を抜き出してお

り，訓読体から和文体に変わる巻二十二以降，QのNC型とNCQ型（当時はCがないのでNQ型）の関係が逆転してNCQ型が優勢になることを明らかにしている[15]。こういった一連の指摘によれば，QのNC型が古代に多いのは漢語からの翻訳調であるという説明ができる。

漢語の影響にせよ英語の影響にせよ，NCQ型が基本であり，数量詞前置のSVO型言語から何らかの影響を受けてQのNC型が成立しているのではないかという通時的な考察は，現代語を考える上でも非常に重要な視点であると考える。

3. 本稿出発点としてのNCQ型

第2章以降の本格的な議論をする前に，ここではNCQ型の成立条件に対する本稿の立場，及び先行研究の指摘を紹介したい。NCQ型の成立条件は数量詞だけに関わる問題ではなく，ガ格・ヲ格の格助詞一般に関わる現象であること，先行研究では一致して，この形式を意味的に無標の形式と見なしていることを指摘する。

3.1 NCQ型の成立条件（格助詞の制限）を相対化する視点

2.5でNCQ型の成立条件に関する議論を紹介したが，格助詞の中でもガ格・ヲ格だけ振る舞いが違うという現象はNCQ型だけに関わる問題ではない。ここではこのような現象をいくつか紹介したい。まず，'は'による主題化で，格助詞が残る場合と消える場合があることはよく指摘されている。

(6) 太郎は大阪へ行った，花子は太郎が呼んだ，京都(に)は清水寺がある，東京からは新幹線が便利だ，大阪へは新幹線が便利だ

ここではニ格は微妙な立場である。必ず消えるわけでもないし，必ず残らね

---

[15] 室井(2006)は，数量詞の前置と後置で定・不定による使い分けがなされていたという指摘をしており，本稿の第2章の議論とも一致する点は興味深い。

ばならないわけでもない。

　次に，'の'による連体修飾を見てみたい。「芥川ガ自殺シタ／芥川ノ自殺」「大使ヲ誘拐スル／大使ノ誘拐」からガ格・ヲ格では「Nノ」という形で連体修飾ができるが，「編集者ヘノ手紙」や「ビルマカラノ手紙」では助詞が残ることが指摘されている（寺村1980）。ここでは，「京都デノ会議」「京都ノ会議」のようにデ格ではどちらもあり得る点，「カナダノ叔父」「*カナダニノ叔父」という例から，ニ格は残らないとしている点が，上の主題化の議論と異なる。ただし，ガ格・ヲ格が他と異なるという点においては主題化の議論と同じである。

　また関係節化についても同様のことが言える。寺村はどういう助詞に伴われている名詞なら，ぬけ出して被修飾名詞として転出することができるのかを考える際にも，同じ問題が関わってくるとしている（寺村1980）。また，井上（1975）では「関係節化の可能性」を以下のように示している。

(7)　　主語＞直接目的語＞間接目的語＞位置格（に）＞位置格（を）＞目標格（へ）＞位置格（で）＞助格（で）＞基準格（で）＞奪格（で）＞所有格＞起点格＞随格（と）　　　　　　　　　　　　　　　　（井上1975: 54）

この順序においても，ガ格・ヲ格はその他の格より上位に位置し，線引きができる。

　他にも会話での省略という現象を見ても，常に省略可能なガ格・ヲ格は特別である。このようにガ格・ヲ格の特別性は数量詞のNCQ型だけに関わることではないのである。寺村は数量詞について議論はしていないが，上記の一連の現象を踏まえた上で，助詞が担う意味関係の度合いが違うという指摘をし，「格（助詞）と述語動詞との結びつきの緊密度」の問題であるとしている（寺村1980）。

　本稿での立場は，NCQ型の成立条件における格助詞の制限は，動詞と関係の深いガ格・ヲ格が抱える諸現象の一つであるというものである。また，これは日本語だけに関わる問題ではない。朝鮮語にも数量表現は日本語のよ

うに複数の形式があり，NCQ型には格助詞の制約があること，しかも日本語同様，ト格やニ格の場合は，NCQ型が作りにくいという指摘がなされていること（塚本1986）を付け加えておきたい。

3.2 NCQ型の機能

QのNC型とNCQ型を比較しているもの，QのNC型とNQC型とNCQ型を比較しているものなど比較対象は様々であるが，意味的にはNCQ型が無標の形式（基本形，自然な文）であるという認識で一致している（三上1953，川端1967，池上1971b，角田1991，奥津1996a，加藤［重］2003など）。また，情報構造という観点から分析している研究（大木1987, Downing 1996, 高見1998a・b・c, 高見・久野2002, 東郷2005）では，NCQ型においてQは常に新情報であると指摘している。データをもとに分析している大木（1987）は，小説などから収集した数量表現において，NCQ型が出現するのはガ格・ヲ格の場合のみであり，それらの出現状況は309例中，自動詞の主語122例，他動詞の主語2例，他動詞のヲ格目的語185例であったと述べている。ここから，NCQ型は自動詞の主語と他動詞の目的語，つまり文の中で伝えたいことの中心になる部分に関連するQでしか成立できないとしている。Qを焦点化していると言ってもいいであろう。ここまでの議論をまとめると以下のようになる。

(8) 　　NCQ型の特徴：Qが新情報（焦点）となる無標の数量伝達形式である

なお，説明原理は少し違うが，数量詞が動的な性質を持っているという指摘（木枝1937，尾谷2002）も本質的には同じことを言っていると考える。「*花が3本美しい」というような形容詞文が許容されないのはそのためである。一方で，「数える」という動作とNCQ型が関わっているという指摘はある。

(9a) 　　あ，鳥が一羽，二羽，三羽飛んできた。
(9b) 　　羊が一匹，羊が二匹，羊が三匹…　　　　　　　　　　　（尾谷2002）

これらの例は，発話の現場と数を数える現場が一致している場合である。

　動的に数量を伝えるということは，数量部分に焦点を当て新情報として提示することと矛盾はしないであろう。ある部分を生き生きと動的に描くことで，そこに注目を集めるということになる。実際にNCQ型は動的な使用が見られる。絵描き歌の例を以下にあげるが，絵描き歌ではNCQ型が多く使われている[16]。

(10) ♪六月六日にユーフォーが，あっちいってこっちいっておっこちて，<u>おいけが二つ</u>できました…　　　　　　　　（ドラえもんの絵描き歌）
　　 ♪<u>棒が一本</u>あったとさ，はっぱかな，はっぱじゃないよかえるだよ…
　　　　　　　　　　　　　　　　　　　　　　　　（こっくさんの絵描き歌）

　絵描き歌に関して，以下の8冊の本から数量表現が出てくる31首を集めた。出現する数量表現の形式を見ると，NCQ型が51例，NCQ型でCを省略しているものが21例あるのに対し，QのNC型は2例であった（うち1例はCを省略）[17]。なお，述部型が1例だけあったことも付け加えておく。

---

[16] この絵描き歌を動的な表現の例としてあげるというアイディアについては大森文子先生（大阪大学言語文化研究科）のご助言によるものである。

[17] 「♪<u>ふたつのあな</u>からのぞいてみるとおみみのおおきなのねずみさん」（ねずみ），「♪ひょっこり<u>にほんのあし</u>だした」（にわとり）の2例である。

表2　収集した絵描き歌一覧

書籍名	歌のタイトル
『えかきうたのほん』 （アイ企画）	ねずみ，ゴリラ，かに，かぶとむし，たこにゅうどう，おさるさん2，コックさん，おかみさん
『どうぶつえかきうた』 （アリス館）	すずめ，いか
『えかきうたのほん』 （福音館書店）	おんなのこ，ぶた
『はっぱのなかのはっぱっぱ』 （らくだ出版）	ねずみ[QのNC使用]，にわとり[QのNC使用]，しか，くじゃく，うし
『ぼうがいっぽんあったとさ』 （らくだ出版）	たこにゅうどう2，かっぱ
『たまごがひとつおだんごふたつ』 （らくだ出版）	ペンギン，うさぎ，あかちゃん
『知育伝承あそびえかきうた』 （ぎょうせい）	ひよこ，すずめ，かかし，ふね，おとのさま
『えかきうた　おにおばけ』 （あかね書房）	おばけ2，なきむしぼうや，かみなり，おに

＃ 第 2 章

Q の NC 型数量表現

　「三人の学生が反対した」のような文が，この章で扱われる Q の NC 型数量表現である。「学生が三人反対した」のようなタイプに比べて，このタイプはやや落ち着きが悪い。ところがある文脈においては，この落ち着きの悪さが解消される。そういった観察から，Q の NC 型は一体どういった意味を持っているのかを明らかにしたい。このタイプは NCQ 型同様，他のタイプに比べて先行研究も多く存在し，今まで様々な議論がなされてきている。本章では，今まで指摘されてきている Q の NC 型に関する先行研究をまとめ，それらはすべて一つの原理でまとめることができるということを主張する。

1.　先行研究と本章の目的

　多くの研究が，Q の NC 型と NCQ 型を対象として，その違いについて論じている。そもそも数ある数量表現の中で，どうしてこの 2 タイプだけが研究の対象になってきたのであろうか。小説中心の資料を用いている Downing (1996) では，集めたデータ 226 例中 106 例が Q の NC 型で，96 例が NCQ 型であるとしている[1]。ここからもわかるように特定のメディア／ジャンルでは数量表現において圧倒的多数が Q の NC 型か NCQ 型によって表されている

---

[1] このデータは Q の NC 型，NCQ 型，NQC 型，N の QC 型の定番 4 形式のみを扱っており，本稿で対象としているデ格型や代名詞的用法が対象外である。詳細は第 9 章 1.1 を参照されたい。

のである。先行研究の例文が小説からの引用に偏っていたことも相まって，QのNC型とNCQ型だけを研究対象とする論文が多かったのであろう。第6章，第9章で詳しく述べるが，様々なメディア／ジャンルから用例を収集すれば，他の形式も使われていることがわかる。

第1章で見た通り，意味的にはNCQ型が基本形とされてきた。それに対して，これまで大きく分けて三つの論点からQのNC型を説明しようとされてきた。ここではその三つの論点を順番に見ていく。そして本章の目的はそれらの先行研究を一貫した原理で説明することである。

本章の目的：現代日本語のQのNC型数量表現に関する先行研究を概観して，一つの原理による説明を試みること

なお，本章での議論は，QのNC型とNCQ型のどちらでも使用可能なガ格・ヲ格の例に限って議論をしたい。第1章で述べた通り，その他の格はほとんどの例がNCQ型を許容しない。

(1)　彼は2人の友達にプレゼントをあげた。
(2)　彼は2匹の犬と散歩をする。
(1′) ??彼は友達に2人プレゼントをあげた。
(2′) ??彼は犬と2匹散歩をする。

また，NCQ型は一般にQのNC型よりもすわりがよかった。このすわりのよさが逆転する，つまりQのNC型の方がNCQ型よりもすわりがよくなるような場合，または両形式で意味の違いがはっきり出るような場合，それらをQのNC型の典型例と呼ぶ。基本的に先行研究はそういった例を取り上げて論じており，本章では3.節までは典型例について論じる。4.節以降，QのNC型とNCQ型で違いがないような例も扱うが，それらを周辺的な例と呼ぶ。

1.1 定 (definite)・不定，特定 (specific)・不特定とは

　先行研究を概観する前に，多くの先行研究で述べられている定・不定，特定・不特定といった概念について，ここで定義しておく。定と不定とは，粗く言ってしまうと「個と類の関係である」ということになる。'university' と言うときに，個としての'広島市立大学'を指すのか，類としての'大学一般'を指すのかという違いである。ただし話し手や聞き手の存在を考えると，もう少し厳密な定義が必要となる。そもそもこれは，定冠詞や不定冠詞を持つ言語を研究するときに使われてきたものである。「事実，『定・不定性』の分析の担い手は，冠詞を有する英語等の言語であった。」(益岡 1990: 73) とあるように，英語のような定・不定を統語カテゴリーとして持つ言語に比べると，日本語ではあまり取り上げられていない。しかし，定・不定といった概念自体は普遍的なものである。

> 　定指示は指示対象である個体を「聞き手」が既に「知っている」場合であり，不定指示はそうではない場合である。この「定／不定」の概念は西欧語の冠詞の用法に端を発しているが，それに縛られるものではなく，意味の観点から理論的に立てた区別となっている。
>
> 　　　　　　　　　　　　　　　　　　　　　　　　　（金水 1986: 604）

また西欧語の研究においては，定冠詞を用いるものを定，不定冠詞を用いるものを不定とした上で，その不定を特定と不特定に分類するというのが基本的な考え方のようである[2]（橋本 1981）。

---

[2] 「I'm gonna buy a book.(ホンを買うんですよ)といったばあい，全然，どの本と決めていないばあい——つまり，なにか買いに行こうとして，洋服でもない，食品でもない，本である，というだけのばあいと，ヘンリイ・ジェイムズの『レディの肖像』を買おうと決めているのに，とくにそこまで言わなくてもいいばあい，あるいは，ヘンリイ・ジェイムズなどというと，ふるめかしいとおもわれるかとおそれて，きまっているのだけれど，あえてその名をくちにしたくない，というようなばあいとである。前者は，ほんとうに不定で，しかも不特であるが，後者は不定ではあるものの，特である。」(橋本 1981: 50–51)

日本語を扱う上で、定・不定、特定・不特定といった概念をどう定義すべきだろうか。ここではまず、奥津(1983)、金水(1986)、庵(1994)、建石(2003)に従い、本稿では定・不定を以下のように定義する。

(3) 本稿における定・不定の定義
定指示は指示対象である個体を「聞き手」がすでに「知っている」(と話し手が思っている)場合であり、不定指示はそうではない場合である

 庵(2007)では、定を更に具体的に示している。そこでは、a. 発話現場内に存在する名詞句、b. 話し手と聞き手が共通に知っている名詞句、c. 固有名詞句、d. 総称名詞句、e. 指示対象がデフォルト的に決まる名詞句(「首相はバカだ」のようなタイプ)、f. 指示対象がテキスト内で特定されている名詞句の6つを紹介している。
 また、「知っている」ということを「同定できる」と規定しているものもあるが[3]、「知っている」にせよ「同定できる」にせよ、そこには段階性というものが問題になってくる。Givón(2001)では、定の段階性について論じている。

(4) The man who killed Smith was insane.

そこでは、上のような関係節の付いた例文について、「ⅰ 私はその男を知っていて、そいつが正気じゃないと知っている」とも「ⅱ 誰かがスミスを殺した。私は誰だかわからないが、それが誰であろうと、そいつは正気じゃない」とも解釈できることを指摘している。同じ文でも内容はⅰとⅱで解釈に幅がある。どちらも定冠詞付き名詞句の解釈であることから、ある名詞に関係節で情報を追加していけば定性が上がっていくということになる。Hawkins(1978)でも、以下の例文をあげて同様の指摘をしている。

---

[3] 坂原(2000)では、「…聞き手はそれが自分の知識内のどの要素であるかを同定する必要がある。このように要素の同定を必要とする言語表現を定表現と呼ぶ。」(坂原2000: 214)としている。

(5) What's wrong with Bill?
Oh, *the woman he went out with last night* was nasty to him.

この例文が初出で定になることから，ある種の関係節は 'referent-establishing relative clauses' になると指摘している。ただ，両者に言えることであるが，「定とは何か？」という議論が，途中から「the が付くのはどんなときか？」という議論にすり替わっており，Hawkins の指摘も，ある種の連体修飾節のときには the が使えるという主張に過ぎず，「'referent-establishing relative clauses' とは何か？」を議論しているわけではない。また，後に紹介する井上(1978)も関係節を定のマーカーと捉えているように読み取れる。

定名詞句には段階性があるとしても，そのどこかで線を引かなければ議論ができない。本稿では，動詞による修飾があれば定であるということで線引きをしたい。その理由は，動詞は 'ている' 'ていた' など時間軸上の関係を細かく指定できるため，より詳細に名詞を指示できるであろうと考えるからである。Givón(2001) も Hawkins(1978) も上述のように動詞による修飾の例を用いている。よって本稿では，g. を加えて以下のものを定名詞句とする。

(6) 定名詞句のパターン
 a. 発話現場内に存在する名詞句
 b. 話し手と聞き手が共通に知っている名詞句
 c. 固有名詞句
 d. 総称名詞句
 e. 指示対象がデフォルト的に決まる名詞句(「首相はバカだ」のようなタイプ)
 f. 指示対象がテキスト内で特定されている名詞句
 g. 動詞によって修飾されている名詞句

さらに，不定の中で話者が特定のものをイメージしていれば特定，全くイメージがなければ不特定と考えたい。つまり「話し手の立場からの分類であ

る」(庵 1994: 50)。

(7)　本稿における特定・不特定の定義
　　　特定指示は指示対象である個体を「話し手」のみがすでに「知っている」場合であり，不特定指示はそうではない場合である

　数量表現において，「知っている」・「同定できる」とはどういうことだろうか。ある指示対象が定数を持つ集合物であるということを「知っている」・「同定できる」ということになるだろう。そう考えると，定とはある指示対象が定数を持つ集合物であるということを話し手も聞き手も知っている場合，特定とはそれを話し手のみが知っている場合ということになる。

(8)　数量表現における定名詞句の定義
　　　Nが定数Qを持つ集合物であることを，「話し手」だけではなく「聞き手」も何らかの手段で理解している名詞句である

1.2　QのNC型数量表現に関する説明原理

1.2.1　定・不定，特定・不特定による説明

　まず，定・不定による先行研究を見る。Martin (1954) ではQのNC型が定 (definite) であるという指摘をしているが，定かどうかについては判断を保留している研究が多い。Kim (1995) やIwasaki (2002) では，QのNC型は定でも不定 (indefinite) でもかまわないということを指摘している。Greenberg (1978) でも言語普遍性として語順がQNになるタイプとNQになるタイプを両方持つ言語において，NQは不定であると指摘しているのみで，QNが定になるという明言はしていない。定・不定で数量詞を論じるものは，概説書や教科書が多く，そこでは定を細かく定義して論じているわけではないし，主張のみで例文すらないものも多い。

　次に特定・不特定による先行研究を概観する。"This construction (QのNC型のこと：筆者注) may also be used to indicate that the intended referents are what is alternatively described as specific or definite." (Downing 1996: 220) と，特定 (specific)・定の概念を用いて Q の NC 型を説明している研究がある。ここでは 'specific or definite' と言っているように，そもそも両者の区別もしっかりされていない。例文をあげる。

(9) 　<u>三人の友達</u>を待っています。
　　　?<u>友達を三人</u>待っています。
(10) ?<u>三人の秘書</u>を探しています。
　　　<u>秘書を三人</u>探しています。（Downing 1996：原典はすべてローマ字表記）

(9) のように，'友達' を待つときは，全く知らない友達ではなく特定の友達であり，逆に (10) のように新しく秘書を雇うときは特定の秘書ではあり得ない。ここで確認したいのは，'三人の友達' が特定であることは，'待っています' という述語をもとに読み手（聞き手）にも理解できるものである。1.1 で述べた定の段階性を考慮するなら，読み手（聞き手）にも特定であることがわかるという時点で，これらは定であると言えるのではないだろうか。

　特定という用語で Q の NC 型を説明しているものに，Naganuma (1951)，益岡・田窪 (1992) などがある。

(11) 　その <u>2 本のえんぴつ</u>をください。
　　　　　　　　　　　　　　　　　　　（Naganuma 1951：原典はローマ字表記）
(12) 　高津さんが飼っていた <u>5 頭の牛</u>が，次々に病気にかかった。
　　　　　　　　　　　　　　　　　　　（益岡・田窪 1992）

この例文中の Q の NC は，指示詞や動詞によって修飾されており，1.1 の (6) b. や (6) g. にある定名詞句を形成している。1.2.2 で紹介する井上 (1978) でも，このような例文の名詞句を定名詞句として扱っている。

　'指示的' という用語を用いている大木 (1987) も例文の説明には '特定' という用語で説明している。そこでは，「指示対象が現実界に存在している」

(大木 1987: 52)ものが'指示的'(特定)としているので，ここで言う'指示的'(特定)は，本稿で定義したものとは明らかに違う。更に，'指示的'(特定)読みは，名詞句が定名詞句であることが条件であると主張している点もここで確認しておきたい。このように，一連の指摘において'特定'がすべて同じ概念で用いられているとは言い難い。むしろ本稿で言う定名詞句を指していることもある。

1.2.2　全体・部分による説明

　井上(1978)が以下の例文をあげて，QのNC型とNCQ型では意味に違いが出るとしている。そこでの指摘は，定名詞句のQのNC型とNCQ型を比べると，数量詞が伝える数量は，その定名詞句の全体数と部分数の関係になるというものである。1.1で述べたように，動詞によって連体修飾がされている名詞は定名詞句となる。ただ，井上(1978)は関係節による修飾を定と考えているようであるが，定名詞句というものをはっきり定義しているわけではない。

(13a)　　私は[昨日会った数人の学生]を招待した。
(13b)　　私は昨日会った学生を数人招待した。
(14a)　　[前を走っていた二台の乗用車]がつかまった。
(14b)　　前を走っていた乗用車が二台つかまった。　　　　（井上 1978）

(13)においては，aが「昨日会った数人の学生全部」という読み，bが「昨日会った学生の中の数人」という読みをもたらす。(14)の例も同様に説明できる。aが全体解釈でbが部分解釈になる。これは数量詞移動の議論の中で，QのNC型とNCQ型は別のものであるという主張の根拠として述べられたものである。神尾(1977)，奥津(1983・1989・1996b など)でも同様に定名詞句ではQのNC型とNCQ型が全体・部分関係になると指摘されている。Qの

NC 型が全体数を表すという特徴を，以後の議論では全体性と呼びたい[4]。

1.2.3 集合・離散による説明

Q の NC 型と NCQ 型の違いを集合的認知と離散的認知の違いで説明する先行研究もある（加藤［重］1997・2003）[5]。そこでは NCQ 型が離散的認知を表し，Q の NC 型が集合的認知を表すとしている。

加藤［重］(2003) では「5 個のリンゴがほしいんですが」という表現は発話として不自然になるが，もし集合的に認知される共有知識があれば「5 個のリンゴがほしいんですが」という文が自然になるとして，以下の例をあげている。

(15) 【青果店に行くと，「リンゴ2個300円」「リンゴ5個600円」のようにパックされてリンゴが売られている】「5個のリンゴがほしいんですが」

以上のような現象から以下のような仮説が立てられている。仮説ではQ の NC 型を連体数量詞文，NCQ 型を遊離数量詞文と呼んでいる。

(16) 談話における連体数量詞文規則についての仮説
　　［1］連体数量詞文は集合的認知を反映する
　　［2］集合的認知が行われていることを示すには，その集合を一つの単位と見なすだけの根拠が共有知識に存在しなければならず，その根拠が共有知識にないときは，根拠が提示されなければならない
(17) 談話における遊離数量詞文規則についての仮説
　　［1］遊離数量詞文は離散的認知を反映する
　　［2］離散的認知が行われていることを示すには，その集合を一つの単位

---

[4] 岩田 (2007a) では，全体性という概念が中国語数量表現の説明原理にも適応可能であることを指摘している。

[5] NCQ 型は distributive reading でなければならないという同様の指摘 "Only sentences that allow a distributive reading allow QF（NCQ 型のこと：筆者注）" (Naito 1995: 211) もある。

と見なすだけの根拠(集合的認知の根拠)が共有知識に排他的に存在してはならない

このように認知の観点から数量表現の位置と意味を考えようとする研究は他にも，尾谷(2002)，本多(2005)などがあげられる。それぞれQのNC型：NCQ型を，summary scanning：sequential scanning(尾谷2002)，静的・非時間的：動的・時間的(本多2005)，などと異なった用語で説明しようとしているが，それぞれが認めているように，主張は基本的に同様のものである。

加藤［重］(2003)では，他にも以下のようなものを，集合的に認知される共有知識の例としてあげている。ここにはNCQ型に置き換えのきかない典型例のみ紹介する。

(18)　私の研究室にはパソコンが二台ある。今朝，<u>その二台のパソコン</u>が突然故障した。
　　　#今朝，<u>そのパソコン</u>が二台突然故障した。

ここで言うようなQのNC型の特徴を以後の議論で集合性と呼びたい。'5個のリンゴ'の例は，状況設定として目の前にパック入りのリンゴがあるということになっているが，これはまさに，定名詞句であることを指定しているわけであり，'その二台のパソコン'という例も指示詞を付けて，話し手と聞き手の共有情報であることを示している。1.1の(6)で言えば，それぞれa.発話現場内に存在する名詞句とb.話し手と聞き手が共通に知っている名詞句となる。後者は直前の文で導入されている'パソコン'を話題にしているわけであるから，(6)f.の指示対象がテキスト内で特定されている名詞句にも相当する。

1.3　QのNC型の特徴

ここまで見てきた先行研究をまとめると，QのNC型が定名詞句であるという条件のとき，全体性・集合性といった意味が付与されるということにな

る。ただし，1.2でも確認したように，先行研究ではそもそも定という概念をしっかり規定した上で議論されてきたわけではない。例えば大木 (1987) は，定名詞句として以下のような例文をあげている。

(19a)　　その<u>3冊のマンガの本</u>を読みなさい。
(19b)　　その<u>マンガの本を3冊</u>読みなさい。

これらが定名詞句になる理由を，「フランス語の定名詞句に相当すると思われる名詞句」（大木 1987: 53）としており，結局は，翻訳して定冠詞が付くかどうかでチェックしている。1.2.2で紹介した井上 (1978) も以下の文を定名詞句としている。関係節に修飾されていることを理由としているようである。

(20a=(14a))　　［前を走っていた<u>二台の乗用車</u>］がつかまった。
(20b=(14b))　　前を走っていた<u>乗用車が二台</u>つかまった。

これを引用している Downing (1996) もこれを 'specific or definite' としているが，どうも英訳した上で定冠詞が付くことを理由にしているようで，例文を翻訳して併記しているだけでこれがどうして定なのかという議論は見られない。
　また，条件が定名詞句であるということを明示していない研究もあるが，それらは例文に指示詞を付けたり，連体修飾をしたりしていた。

(21=(11))　　その<u>2本のえんぴつ</u>をください。
(22=(12))　　高津さんが飼っていた<u>5頭の牛が</u>，次々に病気にかかった。

本稿では1.1で定名詞句を規定した。このような定義に従えば，従来の研究が整理できると考えている。
　定名詞句がもたらす全体性・集合性といった意味は，相反する概念ではない。以下のようなイメージスキーマを想定すれば両者をうまく説明できる。

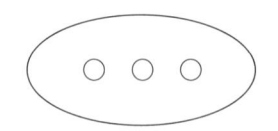

図 1　Q の NC 型のイメージスキーマ

ある定数を持つ集合物を想定すれば，Q がその全体を表していることになり，当然集合性を持っていると言える。本章ではNが定名詞句であれば，典型例の Q の NC 型が成立するという主張を行う。なお，図1のような指示物の把握方法を，集合物認知と呼ぶ。便宜上 '集合' という加藤［重］(2003)の用語を用いる。この集合物認知とは，Q の NC 型定名詞句が全体数を表すことから生じる表現効果であると考える。

2.　Q の NC 型と NCQ 型

周知のように連体修飾には制限的用法と非制限的用法がある。英語の場合は制限的連体修飾と非制限的連体修飾が書き言葉において言語形式を区別しているが，日本語は言語形式においてこの二つを区別しない。ただし日本語話者は，この区別の理解自体ができないというわけではない（寺村 1980）。2.1 で，Q の NC 型が定名詞句であるとき Q は非制限的連体修飾構造になるという仮説を提示し，2.2 では仮説によると NCQ 型との違いがうまく説明できることを主張する。

2.1　定名詞句と非制限的連体修飾

非制限的連体修飾の例でよく目にするのが，指示対象に固有名詞を用いているものである[6]。

(23)　誰からも本当に愛されていないという信念を持てない謙作は，わずか

---

[6] ただし同名のものが複数いる場合は制限的にも使えるが，普通は固有名詞を修飾すると非制限的用法になる。

な記憶をたどって，やはり亡き母を慕っていた。　　　　（寺村 1980）

この文で，'謙作'が二人いるという想定はできず，修飾している部分は情報付加的になっている。こういった修飾が可能なのは，底の名詞が固有名詞であることによっている。1.1 の (6)c. で見たように，固有名詞は定名詞句であった。つまり，この非制限的連体修飾は個レベルの名詞を修飾することが条件となっている。

　固有名詞以外では，制限的・非制限的の両解釈ができる例をもとに論じられることもある。「やさしい女性」というときに，「すべての女性はやさしい（非制限的）」という意味でも，「女性の中のやさしい人だけ（制限的）」という意味でも使うことができる。

(24a)　やさしい女性は，有史以来，常に男性に虐げられてきた。
(24b)　最近やさしい女性が減ってきたなあ。

(24a) は非制限的に使われており，(24b) は制限的になると解釈できる。ここで (24a) の方に注目してみると，'女性'という名詞で存在する全女性を表しており，総称名詞句と呼ぶことができる。よって，1.1 の (6)d. にあるような定名詞句であることがわかる。このように，非制限的連体修飾というものは，定名詞句と関わっていることがわかる。

　ここまでの議論を数量表現に応用してみたい。数量表現の場合は，数を調節することによって制限にも非制限にもなるということがわかる[7]。

(25)　5人の日本人が発見された。　　　　制限的連体修飾
　　　1億2000万人の日本人が驚いた[8]。　非制限的連体修飾

---

[7] 厳密に総称名詞句とは，類レベルの指示のことであり，名詞だけで決まるものではない。しかし，数量詞が全体数を示すならば「総数を表す名詞句」になるわけであり，それらも総称名詞句と呼んでもいいと考える。

[8] 正確にはもっと多いが，ここでは概数1億2000万人としておく。

制限的な連体修飾と非制限的な連体修飾，それぞれの数量表現を NCQ 型と比較してみたい。

(26=(25))　5人の日本人が発見された。　　　Q の NC 型
(26′)　　　日本人が5人発見された。　　　　NCQ 型

制限的な例を比べてみると，NCQ 型の方がやや落ち着きがよいのではないだろうか。ただし，ここの判断は難しく，Q の NC 型に関しても違和感を覚えない人もいるであろう。これは第1章で詳しく見たように，通時的には他言語との接触により，Q の NC 型の使用が増えてきているため，世代によって語感が異なる可能性がある。ただし，(27)のように，非制限的な例にしてみると NCQ 型はすわりが悪くなる。

(27=(25))　1億2000万人の日本人が驚いた。　　Q の NC 型
(27′)　　　??日本人が1億2000万人驚いた。　　NCQ 型

1.節で確認したように，このようなタイプが Q の NC 型の典型例であり，典型例には非制限的連体修飾が使われていることが確認できよう。ここまでの議論から，仮説を提示する。

(28)　本章の仮説：典型例の Q の NC 型は定名詞句であり，Q は N を非制限的に修飾し N の全体数を表す

2.2　非制限的連体修飾，Q の背景化，静的把握，集合物認知

第1章において，NCQ 型は焦点化という操作から，Q を動的に表すという性質が出てくることを指摘した。ここではまず，Q の NC 型が非制限的であると考えることで NCQ 型との違いがはっきりと出てくるということを示したい。非制限的連体修飾では，「1億2000万人の日本人が…」の例からもわかるように，すでに定表現である N を Q が連体修飾している。つまり，Q は

Nを制限せずに情報を付加するだけなのである。言い換えればQは背景化されており，NCQ型のQが焦点化されているのと対照的である。以下の例文の許容度は，周知の事実は焦点化できないということで説明ができる。

(29=(25))　1億2000万人の日本人が驚いた。
(29′=(27′))??日本人が1億2000万人驚いた。

　非制限的連体修飾が数量表現に適用されることによって，集合物認知という表現効果が出てくることはすでに見た通りである。集合物であるということは，すでに全体数がわかっているのであるから，数えるという動的な行為は関わってこない。つまり，集合物を静的に捉えているという本多（2005）の指摘にもつながる。以上をまとめる。

(30)　NCQ型とQのNC型
　　　NCQ型　　　Qを焦点化　→　動的な認知
　　　QのNC型　　Qを背景化　→　集合物認知：静的な把握

NCQ型，QのNC型の違いを機能的に見れば，Qを焦点化するか背景化するかの違いということになる。また，両者の違いを数量認知という観点で見れば，以下のように図示できるであろう。NCQ型は数える行為と関わり，事物を動的に捉えているものであったが，QのNC型は名詞に連なる形で事物を静的に捉えている。NCQ型の時間軸を取り去ることで，QのNC型に集合物認知が出てくるのである。

時間軸に沿った連続的な把握〜 sequential scanning

―――――○―――――○―――――○―――――▶ 時間軸

時間軸と無関係である一括的な把握〜 summary scanning

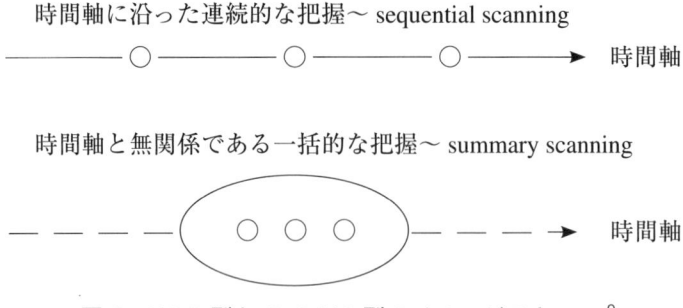

― ― ―（○　○　○）― ― ―▶ 時間軸

図2　NCQ型とQのNC型のイメージスキーマ[9]

3. 典型例の検証

QのNC型の方がNCQ型よりもすわりがよくなるような場合，または両形式で意味の違いがはっきり出るような場合，それらをQのNC型の典型例としていた。本節では，先行研究で扱われてきた例文，こちらで収集した例文の中から，典型例になるものは定名詞句であるということを確認していく。作例以外は例文の後ろに出典を明記する。なお，ここで典型例を概観するに当たり，1.1で導入した定名詞句のパターンを再掲する。

(31=(6))　定名詞句のパターン
  a.　発話現場内に存在する名詞句
  b.　話し手と聞き手が共通に知っている名詞句
  c.　固有名詞句
  d.　総称名詞句
  e.　指示対象がデフォルト的に決まる名詞句(「首相はバカだ」のようなタイプ)

---

[9] 池上(2000)では数の現象として二つの種類(コトの数とモノの数)をあげている。その2種類は，時間における出来事の回数，空間における固体の個数として，それぞれ 'sequential scanning'，'summary scanning' という概念で捉えている。本稿では池上(2000)を踏まえ，時間軸に沿った数の把握方法を '連続的な把握'，時間軸に沿わない数の把握方法を '一括的な把握' とそれぞれ呼び換え図示した。

f.　指示対象がテキスト内で特定されている名詞句
g.　動詞によって修飾されている名詞句

　以後の議論では，定名詞句を聞き手(読み手)がどのように解釈しているのかという視点で論を進めていきたい。その際，聞き手(読み手)がどのように定を理解するのか，その方法のバリエーションを5種類に分けて順に3.1〜3.5で紹介していく。ただし，これは分類自体が目的ではないので，排他性・網羅性があるわけではなく，それぞれが連続している部分もある。

3.1　一般的知識による理解

　まずは，何回か出てきている例文を分析したい。定名詞句のパターンで言うと，b.話し手と聞き手が共通に知っている名詞句，d.総称名詞句に当てはまる。

(32=(25))　1億2000万人の日本人が驚いた。

下の例において'足'の全体数は四本であると理解できるので，全体数を表す定名詞句となる。これも一般的知識と言えるだろう。

(33)　テレビは四本の足をつけて床の間の上にぐんとふんばっているようでその姿はじつに美しく，画面が非常にはっきり映っていた。　　(手)

同様に，次のようなものも一般的知識を使えば定名詞句であると理解できる。

(34)　寒さで，五本の指が震えていた。

これらの例はすべて，一般常識によって，Nが定数を持つ集合物であることを示している。それぞれの例文をNCQ型にしてみると，すわりが悪くなることから，これらは典型例であると言える。

(32′=(27′)) ??日本人が1億2000万人驚いた。
(33′)　　　??テレビは足を四本つけて床の間の上にぐんとふんばっている…
(34′)　　　??寒さで，指が五本震えていた。

3.2　直示的な理解

　会話において，目の前にあるものを指してQのNC型が使われるとき，その全体数は直示的に理解できる。つまり，存在物自体の状態がNに定情報を加えている場合がこれである。定名詞句のパターンa. 発話現場内に存在する名詞句がこれに当てはまる。

(35=(15))　【青果店に行くと，「リンゴ2個300円」「リンゴ5個600円」のようにパックされてリンゴが売られている】「5個のリンゴがほしいんですが」

1.2.3で紹介したように，加藤[重](2003)ではこの表現が，もし集合的に認知される共有知識があれば自然になるとしていた。
　指示詞が付いているが，以下のような例も同様に直示的に理解できるものである。

(36=(11))　その2本のえんぴつをください。

これらもNCQ型にすると同じ状況では使えなくなる。集合物の全体数を表さなくなることが確認できる。

(35′) #リンゴが5個ほしいんですが。
(36′) #そのえんぴつを2本ください。

3.3　文脈による理解

　3.1で見たように，「1億2000万人の日本人…」という例は一般的知識から

定名詞句であることが理解できるものであった。しかし，例えば次のような一般的知識の及ばない文を見たときはどうなるのだろうか。

(37)　130万人のトリニダード・トバゴ人が驚いた。

これだけを見ても，ほとんどの日本人は全体数かどうか判断し難いであろう。前後文脈の助け，または数量に関する知識がなければ，聞き手は定名詞句かどうかわからないことがある。そんな場合も，以下のような文脈があれば定名詞句であることがわかる。

(37′)　そのニュースは国中を走り抜け，130万人のトリニダード・トバゴ人が驚いた。

これは前後文脈から定名詞句であることを読み取れるもので，定名詞句のパターンで言うと f. 指示対象がテキスト内で特定されている名詞句に当てはまる。以下の実例も文脈から Q が N の全体数であることがわかる。

(38)　（バングラディシュについて語っている）「英国の面積の半分以下の国に一億三千万の人間がひしめき，…」　　　　　　　　　　　　（マスタ）

また，誰かの子供の数を表すときにも，以下のような Q の NC 型が使われる。これが子供の全体数であるということは，文脈からわかる。

(39)　すでに布施金次郎も夫人も二人の娘も邸の中に入ってしまっていた。
　　　　　　　　　　　　　　　　　　　　　　　　　　　　　　（避暑地）
(40)　フセイン大統領と2人の息子を狙ったとされるマンスール地区…。
　　　　　　　　　　　　　　　　　　　　　　　　　　　　（朝03.4.9）

こういった子供の数に関しては，NCQ 型「娘も二人…」「息子を2人…」に

すると意味が変わってしまう。

　また，何かの組織を背景とした人間の全体数なども，以下のように表現されている。

(41)　家内は森財閥の娘だったから，私は自分の会社の<u>千二百人もの社員を</u>救うために，森財閥とつながりを持つしか手だてがなかったんだ。
　　　　　　　　　　　　　　　　　　　　　　　　　　　　　　　（避暑地）
(42)　<u>二十数名の雄雄しき挺身隊員は</u>，数万点のアメリカ衣料を分類し，整理し，梱包し，日本通運の営業所へ運び，数十の孤児院や母子寮へ発送した。　　　　　　　　　　　　　　　　　　　　　　（モッキン）
(43)　新潟県佐渡市黒姫沖。<u>十数人の漁師たち</u>が寒ブリ用の定置網を引き揚げると，中は大量のエチゼンクラゲでぎっしり。　　（読売05.11.9）

　これらの例も，すべてある集団を想定してその全体数をQが表しているので，定名詞句である。例えば，(41)において，ある会社が想定されて，そこで働いている社員が全部で千二百人いるわけである。この場合，話し手(書き手)は当然ある集合物の全体数を理解しているが，聞き手(読み手)もそれが全体数であることは理解できる。前後の文脈から，それが会社の全体数であることは読み込めるからである。これらの特徴も(41)(42)(43)の例を(41′)(42′)(43′)のようにNCQ型にすると，全体数を表すという意味がなくなってしまうところにある。以下の例では，全体の中の部分というニュアンスになる。よって意味が変わり，同じ文脈には合わなくなる。

(41′)　#私は自分の会社の<u>社員を千二百人も</u>救うために，…
(42′)　#<u>雄雄しき挺身隊員は二十数名</u>，数万点のアメリカ衣料を分類し…
(43′)　#新潟県佐渡市黒姫沖。<u>漁師たちが十数人</u>寒ブリ用の定置網を引き揚げると，…

　ここで見てきた文脈による理解というのは，3.1の一般的知識とはっきり

区別できるわけではなく，連続的である．(41)の文が発話されたとして，もし聞き手が話し手についてよく知っていれば，話し手がある会社の社長でありその社員は千二百人であるということを知識として知っている可能性もある．そういう場合なら，(41)が定名詞句であるということは，一般的知識から理解できる．

3.4 旧情報であるNによる理解

定名詞句のパターンf.の，指示対象がテキスト内で特定されている名詞句とは，3.3の例よりむしろ先行する名詞句(旧情報)を前方照応する後続名詞句を指して用いられる．これは定の典型とも言われている(坂原 2000)．数量表現が関わる例を集めてみると，定名詞句ではQのNC型が使われている．文脈の前後関係を明示するためにここでは例文にページ番号を付加する．

(44) (氷海の中に巨大な氷山が二つ浮かんでいる．p. 152)
　　→何日かして，二つの氷山は各々六機の円盤に鎖で引きずられてやってきた．p. 155　　　　　　　　　　　　　　　　　　(バンド)

(45) (自転車が三台並べられてあった．p. 30)
　　→ぼくはいったん納戸を閉めて，ガスレンジを拭き始めたが，そのうち，どうやって三台の自転車を納戸の中に運べたのだろうと考えた．p. 30　　　　　　　　　　　　　　　　　　　　　(避暑地)

(46) (劇場の前には幟が数本立っていた．p. 200)
　　→数本の幟も微かな夕風に敏感に反応し，いまやすっかり生気を蘇らせている．p. 204　　　　　　　　　　　　　　　　(モッキン)

(47) 三匹の迷える子羊は(既出の主人公たちを表す)再び教会に戻るのだ．
　　　　　　　　　　　　　　　　　　　　　　　　　　　　　(モッキン)

一度目にNの数が導入されると，読み手はNの数がいくつなのかわかる．二度目に同じNが使われると，そのQがNの全体数を表すことが明らかなので，このような定名詞句の場合もQが全体数を表すことがわかる．(44)

(45)(46)の例はすべて，最初に導入されたNの数を二度目にQのNC型で表している例である。(47)の例は，三人の主人公が登場する小説において，その三人を指して使われている。誰と誰と誰が主人公なのか，読み手には明白であり，その全体数をQで表している。

(44′)　（氷海の中に巨大な氷山が二つ浮かんでいる。）
　　　→＃何日かして，氷山は二つ各々六機の円盤に鎖で引きずられてやってきた。

　このようにNCQ型に変えると，先に導入された氷山を二度目に出てくる氷山が照応できなくなる。QのNC型がこのように照応機能を保持するのは，二度目のQのNC型が一度目に導入された氷山の全体数であるということを明示しているからである。
　また，次のように今までの例とは登場順序が逆になるパターンも，このタイプに含めてよいかと考える。はじめにQのNC型で全体数を導入しておいて，後からその内訳を表すタイプである。QのNC型が定名詞句になることを利用したレトリックであるとも言える。これは文体論で中途開始技法（*in medias res* technique）と呼ばれるもので，通常とは順序を逆にすることで何らかの表現効果を狙っている。Leech and Short (1981) では，初出であるにも関わらず定冠詞 'the' を用いる作家の例を引用しながら，ある種の表現効果を狙っているという分析を行っており，英語でも見られる現象であると言える。

(48)　この船で，英世は船倉で，高熱に魘されている二人の病人を見つけた。一人は中国人で一人は日本人である。　　　　　　　（落日）
(49)　このとき，英世は自分の立場を利用して，重松という友達に，五冊の本を貸していたが，このうち三冊は原書で，うち二冊は研究所員も持ち出し禁止の医学全書であった。　　　　　　　　　　　（落日）
(50)　ラージン「私には二人の親友がいた。」「ミハイルとニコライというモスクワのレーニン記念第一一七学校時代からの親友だ。」　（マスタ）

3.5 他の修飾句があることによる理解

　QのNC型におけるQは，他の修飾句と共にNを修飾することが多い。定名詞句のパターンg. 動詞によって修飾されている名詞句がここに当てはまる。井上 (1978) は，関係節が付いた名詞句を定名詞句と見なしていたが，関係節が付くことで名詞句は単なる類を表すものから個へと近づくわけである。1. 節で議論を紹介したように，定には段階性があり，ここで紹介する例は，相対的に定名詞句に近づいたものであると言える。

(51)　一方で静岡にいる間は，<u>自宅で飼っている2匹の猫</u>が気になる。

(朝 03.4.2)

(52)　それからぼくたちは，もうその店に入った時から素早くきっちりと見届けておいた<u>二冊の雑誌</u>を別のテーブルの上から持ってきた。　（手）

(53)　<u>うちに居候をきめこんでいた三人の学生</u>が，わたくしを女とあなどって，遊び半分に，シェパードに妙な芸を教えこんだんですよ。

(モッキン)

　(51)において，'自宅で飼っている猫' は '全部で2匹' であるから，このように他の連体修飾によって制限されたときのQは全体数となり，全体で定名詞句を表す。これらはNCQ型にすると全体数を表す意味がなくなり，文脈に合わなくなる。

(51′) #一方で静岡にいる間は，<u>自宅で飼っている猫が2匹</u>気になる。

　1.2.2 で紹介した井上 (1978) でも，以下の例文をあげて，QのNC型とNCQ型では，その定名詞句は全体数と部分数の関係になると指摘していた。

(54a=(14a))　[前を走っていた<u>二台の乗用車</u>]がつかまった。
(54b=(14b))　前を走っていた<u>乗用車が二台</u>つかまった。

定名詞句は非制限的連体修飾を伴うという議論を 2. 節で行ったが，加藤(2005)では，連体修飾が重なると一方が非制限的になるという議論をしている。「東京で下宿している兄」の修飾部は，制限か非制限かわからないが，「東京で下宿している下の兄」のように，兄を特定化する修飾句が加わると，「東京で下宿している」の部分は非制限的になるという。こういった連体修飾の議論から見ても，他の修飾句を持つQの部分が非制限的になるということが指摘できるのではないだろうか[10]。

3.6 定名詞句とその知識ベース（談話資源）

ここまでの議論を談話理解に用いられる知識ベース（談話資源）との関わりから整理し直したい。参考とするのは，金水・田窪(1990)，坂原(2000)，Givón(2001)で，それらは談話資源を一般知識，発話状況についての知識，先行の談話についての記憶に 3 分類している。そして，これらと同定することで定表現を表すことができるとしている。ここまでの議論に関して，談話資源をもとに整理してみると以下のようになる。

表 1 談話資源と定名詞句の理解

談話資源	定名詞句の理解方法	対応する節
一般知識	一般的知識による理解	3.1
発話状況についての知識	直示的な理解	3.2
先行の談話についての記憶	文脈による理解	3.3
	旧情報であるNによる理解	3.4
	他の修飾句があることによる理解	3.5

4. 周辺的な例

3.節では定名詞句でQのNC型とNCQ型で意味の違いが出るものを扱ってきた。しかし，実際の数量表現の使用状況を見ていると，QのNC型とNCQ

---

[10] ただし，ここでの指摘は非制限的修飾は外側にくるというものである。本章で扱う数量詞の例はすべて内側にあり，修飾する位置についてはもう少し議論が必要である。

型でさほど違いが出ないような例も見受けられる。それらの例を周辺的な例と呼んで，本節で見ていく。

4.1 眼前描写の表現：空間的なまとまり

(55) 新館の方から更に<u>二三人の警官が</u>走り寄ってきた。　　　（うぶめ）
(56) 荷造りをほどいて中を改めると，第一の梱包からは<u>二十数着のオーバー</u>，第二の梱包からは<u>百数十点の子ども服</u>，第三の梱包からは<u>五十数点の婦人服</u>が出て来た。　　　（モッキン）
(57) <u>七，八十本の薪が</u>乗っているのでかなり重かったが，引くたびに現れてくる地下室への入り口の，まがうかたのない隙間とはめ込み式の取手を目にしたとき，ぼくの心臓は烈しく打ち，胸苦しさで息遣いが荒くなった。　　　（避暑地）
(58) 湖を望む一角に，<u>三つの館が</u>並んでいたことはたしからしい。（落日）

　これらの例はすべて眼前描写（風）に使われている表現であるが，定名詞句の解釈ができない。「1億2000万人の日本人…」の例では，集合物の成員とその他がある程度客観的に区別できた。その他の例でも様々な形で加えられる定情報により，Qが表すのは何の全体数なのかをはっきり表すことができた。しかし，これらの例は何の全体数なのかはわからないし，集合物の成員とその他の区別がかなりあいまいである。よって，表現をNCQ型に変えてみてもさほど意味の違いは出てこない。

(55′) 新館の方から更に<u>警官が二三人</u>走り寄ってきた。
(56′) 第一の梱包からは<u>オーバーが二十数着</u>，…
(57′) <u>薪が七，八十本</u>乗っているのでかなり重かったが，…
(58′) 湖を望む一角に，<u>館が三つ</u>並んでいたことはたしからしい。

　強いて言えば，話者の眼前に存在するものの全体数ということになるが，その全体数とは話者が主観的に決めるかなりアドホックなものである。確か

に，眼前に存在するものの全体数と考えると，空間的にまとまっている集合物であると言うこともできる。

4.2 時間的なまとまり

(59) しかし臨床の医者では，所詮，自分が見た患者を治すだけで，どう頑張ったところで，一生のうちに<u>五，六千人の人</u>を救うのが限度です。
(落日)

(60) たしかに研究所からは年々<u>二，三名の人</u>が欧米留学に出ているが，清作の前には，なお<u>四，五十名の留学候補者</u>が控えていた。 (落日)

(61) 九十日間に<u>二万人もの兵隊</u>が死に，生き残った者にも深刻な後遺症を残した。 (マスタ)

　これらの例はすべて，ある一定時間内に動作に関わる N の数を Q が表している。例えば，(59)において，'主人公が死ぬまで'という時間的設定をして，その間に'救う'ことができる人の数を Q の NC 型で表している。(60)の例は一年の間に留学できる人の数，そして，清作が留学するまでに留学する人の数をそれぞれ Q が表している。(61)の Q は九十日間に亡くなった兵隊の数である。これらはすべて時間的な枠組みを設定しているところから，時間的なまとまりを持つ表現であると言える。ただし，定名詞句として解釈できるわけではない。また，時間によって区切られた集合物というのは，4.1の例と同様，成員とその他の区別が客観的にはできない。これらも NCQ 型にしてみても意味の違いは生じない。

(59′) しかし臨床の医者では，所詮，自分が見た患者を治すだけで，どう頑張ったところで，一生のうちに<u>人(患者)</u>を<u>五，六千人</u>救うのが限度です。

(60′) たしかに研究所からは年々<u>人(研究員)</u>が<u>二，三名</u>欧米留学に出ているが，清作の前には，なお<u>留学候補者</u>が<u>四，五十名</u>控えていた。

(61′) 九十日間に<u>兵隊</u>が<u>二万人</u>も死に，生き残った者にも深刻な後遺症を残した。

(59′) と (60′) は N が '人' なので，単独ではすわりが悪いがここではそのすわりの悪さは考慮しない．それぞれ '患者' '研究員' という単語に置き換えても，ここでは大きな問題にはならない．これらも話者がある一定時間で区切られた範囲内の全体数をまとまりとして捉えていると考えれば，3. 節の例との連続性は確認できる．これらも拡張例と見なしたい．

5. 本章のまとめ

3. 節で見た定名詞句になる数量表現が Q の NC 型の典型例であるというのが本章の主張である．4. 節で見たように，それだけでは説明しきれない周辺的な例もたくさん存在するが，それらは拡張例として扱った．ただ，何らかのまとまりを持ったものの全体数を表すという点はすべての例に見られた特徴である．全体数を表すといっても，客観的なものから主観的なものまでその成員・非成員間にある境界の明確さには段階性がある．

(62=(25))　<u>1 億 2000 万人の日本人</u>が驚いた．
(63)　現在西ドイツには<u>二百万人のトルコ人</u>が定住し，劣悪な条件のもとで労働している．　　　　　　　　　　　　　　　　　（マスタ）

(62) の例は 3.1 でも示したように，総称名詞句を N とする典型的な定名詞句である．それに対して (63) の例になると，'トルコ人' という名詞の全体数を Q が表しているわけではなく，文脈より 'ドイツにいる' という制限が N に与えられ，その全体数を Q の NC 型が表している．これも定名詞句ではあるが，(62) の例ほど境界がはっきりしたものではない．しかし典型例との連続性は明らかであるし，どちらも集合物の成員と非成員の区別を客観的に行える．

(64)　教室には<u>5 人の中国人</u>がいた．

この例になると全体数を表すその枠組みが非常にゆるくなる。一応文脈により制限がされているが，かなりアドホックであり，客観的な区別は難しい。つまり，教室にいる中国人と教室外にいる中国人にさほど違いがあるとは考えられない。(62)のように日本人とその他の国籍の人は，様々な違いが存在する。しかしながら，両者の連続性は明らかである。こう考えると，以下の例のように周辺的な例（拡張例）として 4.1 で扱った'空間的なまとまり'を表す表現も，連続的なものとして捉えられる。

(65) <u>4人のインド人</u>が走ってきた。

この例は眼前描写という点では，3.2 で扱った'直示的な理解'による定名詞句解釈の例からの拡張ということもできる。いずれにせよ，このように典型例から周辺的な例（拡張例）へは連続性が認められる。これは定名詞句にも段階性があるという 1.1 の議論とも重なる。以下に図示する。

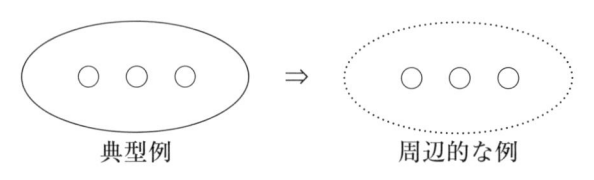

図3　Q の NC 型の拡張

　先行研究の様々な指摘は，定名詞句による集合物認知を立てることでほぼ説明できることを 3. 節で見てきた。本章の立場は，典型例については定名詞句で説明できるが，周辺的な例に関しては定名詞句が持つ表現効果である集合物認知だけが拡張していると考える。

6.　本章に関する追加説明

　Q の NC 型は先行研究が多く，現象の記述は十分進んでいる。こういった認識の下，本章では指摘された現象の統一的説明を軸に据えて議論してき

た。ただし，本章で新しく提示した現象もある。「1億2000万人の日本人…」のような一般的知識により全体数を知っていればQのNC型が使えること（3.1参照）や小説の中で照応の際にQのNC型が使われていること（3.4参照）などである。特に後者についてもう少し追加説明をしたい。3.4で紹介した例以外にも，このパターンはたくさん見つかる。

(66) （月に透かして見ると影は二つある。p. 80）
　　→段々歩行いて（あるいて：原文のまま）行くと，おれの方が早足と見えて，二つの影法師が，次第に大きくなる。p. 80　　　　（坊）
(67) （ふと目を上げると，左手の丘の上に女が二人立っている。p. 32）
　　→二人の女は三四郎の前を通り過ぎる。p. 34　　　　　　　　（三）

以下の例は再掲もあるが，先行する名詞と照応しているQのNC型は3～4ページ離れている。つまり，かなり遠くから照応が可能であると言える。

(68=(44)) （氷海の中に巨大な氷山が二つ浮かんでいる。p. 152）
　　　→何日かして，二つの氷山は各々六機の円盤に鎖で引きずられてやってきた。p. 155
(69=(46)) （劇場の前には幟が数本立っていた。p. 200）
　　　→数本の幟も微かな夕風に敏感に反応し，いまやすっかり生気を蘇らせている。p. 204
(70) （[よし子と美禰子を探している]しかし注意したら，どこかにいるだろうと思って，よく見渡すと，はたして前列のいちばん柵に近い所に二人並んでいた。p. 163）
　　→二人の女も，もとの席へ復した。p. 164
　　→二人の女は笑いながらそばへ来て，…。p. 233　　　　　　（三）

(70)では，p. 164の'二人の女'はp. 173までたびたび'二人'という代名詞的用法で用いられるが，その後p. 233まで出てこなくなる。つまり60ページ

も離れて照応しており，もはや登場人物を指す代名詞として機能していると言える。

　更に，以下の例になると先行文脈に数量詞がなく，登場人物を直接 Q の NC 型で表している。

(71=(47))　<u>三匹の迷える子羊</u>は（既出の主人公たちを表す）再び教会に戻るのだ。

(72)　（清三と荻生さんがこの場面にいる）荻生さんが来週の月曜日までに聞いて置いて遣るということに決まって，<u>二人の友達</u>は分署の角で別れた。　　　　　　　　　　　　　　　　　　　　　　　　　（田舎）

(73)　（文三とお勢がこの場面にいる）翌朝に至りて<u>両人（ふたり）の者</u>は始めて顔を合わせる。　　　　　　　　　　　　　　　　　　（浮雲）

数量詞が Q のみで代名詞として機能することは第 7 章で詳しく論じるが，ここでは Q の NC 型も一部代名詞として機能していることを指摘しておきたい。これは談話の結束性に関わる機能である。また，長距離照応ができる点も確認しておきたい。日本語の人称代名詞（彼や彼女）は長距離照応ができないとされており，Q の NC 型や代名詞的用法がそれを補完している可能性がある。詳しくは第 7 章で論じる。

第3章

NQC 型数量表現*

　本章で論じるNQC型数量表現は,「学生三人が反対した」のように名詞の直後に数量詞が来るタイプである。名詞句の部分だけを取り出すと, NQ は Q の N よりもすわりが悪くなる。そのすわりの悪さはどこからくるのか, またどんな文脈を与えればすわりがよくなるのか, という問題設定を立ててここで議論する。「NQC 型は Q に重点を与えるものである」という仮説を立て, Q に重点が当たるような文脈があれば NQC 型のすわりがよくなるという主張を行う。

1. 先行研究と本章の目的

　NQC 型について触れている論文に奥津(1969)がある。

(1)　太郎ハ本 3 冊ヲ買ッタ

(1)の例文において,「本 3 冊」が目的語になっていること,「太郎ガ買ッタ本 3 冊」のように連体修飾を受けることなどから,「本 3 冊」が全体として名詞句をなすと述べている。また,「太郎ハ本ヲ買ッタ」「太郎ハ 3 冊ヲ買ッタ」の例のように単独で格助詞が取れることや,「太郎ガ買ッタ本」「太郎ガ

---

*　本章は岩田(2007b)「日本語'名詞句内数量詞'の位置と意味」の中の一部を取り上げている。

買ッタ3冊」のように連体修飾を受けて名詞句を作ることができるのを理由に、「本3冊」は二つの名詞からなる名詞句で、「総理大臣　佐藤栄作」のように一種の同格名詞構造を持つと述べている。NQC型が二つの名詞からなる名詞句であるという見方については本章も従う。

そして宇都宮(1995b)では、NQC型を「数量詞が名詞に直接(格助詞をはさまないで)後置される用法」(宇都宮1995b: 8)として以下の例をあげている。

(2a)　　男3人／お金全部／生徒一人一人／車何台／税率3％／本数冊　が／を／で／に
(2b)　　＊お金たくさん／＊生徒大勢／＊燃料少し　が／を／で／に

この例文を見るとわかるようにこの論文では数量詞の定義をかなり広く取っており、以下の7種類を数量詞としている。

① 　　定数：「3人」「5つ」「両方」「100m」など
② 　　全数：「すべて」「ぜんぶ」「みんな」「ぜんたい」など
③ 　　個別数：「一人一人」「おのおの」「めいめい」など
④ 　　部分数：「半分」「3割」「80％」など
⑤ 　　量数：「たくさん」「多く」「かなり」「相当」など
⑥ 　　概数：「数人」「いくつか」「大体」など
⑦ 　　疑問数：「何人」「いくつ」「どのくらい」など

その上で、この分類をもとにNQC型が使用できるものには制限があるという指摘をしている。つまり、(2ab)の例のように、数量詞の中にはこの形式に使えるものと使えないものがあるというのである。その上で、「課長島耕作」「正義の味方月光仮面」などの同格的に表現する用法に近いと指摘しており、奥津同様、後ろの固有名詞を属性などが前置する名詞句として捉えている。

益岡・田窪(1992)は、NQC型のことを、「名詞に後続して数量を明示する

働きをするもの」（益岡・田窪 1992: 98）とし，以下の例をあげている。

(3)　60円切手7枚を同封して，事務所に申し込むこと。

そこでの指摘は短く簡潔なもので，これ以上の説明は何も行われていないが，中川・李 (1997) でも同様の指摘がある。

(4a)　　彼女は最後に一人の彼女より20歳年上の男に嫁いだ。
(4b)　　?彼女は最後に彼女より20歳年上の男一人に嫁いだ。
　　　　　　　　　　　　　　　　　　　　　　　　　（中川・李 1997）

この(4b)が奇妙になるのは，(4a)に比べて数量情報の読みが優先されるからであるという説明をしている。つまり，数量情報である'一人'とは文脈上わかりきったものであるのに，わざわざそこが強調されてしまうために不自然になるという説明である。

　このように，奥津(1969)，宇都宮(1995b)ではNQC型について，後ろの固有名詞を前の名詞で説明するような構造を想定していた。益岡・田窪(1992)，中川・李(1997)の例はどちらも，詳しい説明をしているわけではないが，NQC型の特徴をQに際立ちを与えているものとして捉えているかのようである。よって，これらの先行研究はすべて後ろのQの部分を中心に解釈する点で一致している。本章で主張する内容もこれらと同じ立場であり，その根拠についてこれから詳しく論じていく。ただし，逆の指摘をしているように見える研究(Downing 1996)も存在する。それについては2.2で詳しく論じる。

　本章の目的：NQC型数量表現の使用に関わる文脈条件を明らかにする

2. NQC 型数量表現の特徴

2.1 仮説

　本章で扱う NQC 型は，Q の NC 型と同じ名詞句内数量詞用法である（細かい議論は第 5 章参照）。両者における Q が名詞句の中にあることは，どちらにも助詞が接続できることからわかる。

(5)　　学生三人が…
　　　　三人の学生が…

よって，Q の NC 型を比較対象にすることで，NQC 型の特徴がわかると考える。例えば名詞句の部分だけが使われているものに映画や物語のタイトルがある。それらを集めてみると，Q の N が一般的であり，NQ という並び方は少しすわりが悪い。

(6)　　「三匹の子豚」「二人のロッテ」「七人の侍」「白雪姫と七人の小人」
(6')　?「子豚三匹」「ロッテ二人」「侍七人」「白雪姫と小人七人」

これら単独ではすわりの悪い用法も，ある文脈で用いれば自然になるわけである。その文脈とはどのようなものかをここで見ていく。文脈を記述すれば，NQC 型の成立条件を規定することにつながるであろう。また，それを規定することで NQC 型の特徴も明らかになると考える。

　1. 節で少し触れたように，本稿では，NQC 型は Q を重点として表現するものであるという主張を行う。その根拠となる日本語の情報構造に関する指摘に，「文中の要素は，通常，旧情報（より重要でない情報）から新情報（より重要な情報）へと配列される。」（高見 1998c: 98）というものがある。これは久野（1978）や Quirk et al.（1985）をもとにして主張されている。ここで言う情報構造とは，文の中の位置関係を述べたものであるが，本稿のように名詞句の中の位置関係についても同じことが言える。ここでは，名詞句の場合も同

様に後ろが重点であることを確認したい。まずは数量表現ではないが、日本語の「名詞＋名詞」構造の例をあげてみる。

(7)　　ワカメサラダ　　サラダワカメ

この2語を比べてみると、'ワカメサラダ'は「ワカメがのっているサラダ」であり、'サラダワカメ'は「サラダ用のワカメ」である。この例から、日本語の「名詞＋名詞」構造は、後に来る単語の意味を中心に理解されると言える[1]。これは全く新しい造語をしたときにも言えるようである。大津(1996)では、'バナナ'と'ワニ'を足してみるとどんな意味解釈が得られるかということについて述べている。そこでは様々な組み合わせが紹介されているが、'ワニバナナ'は'バナナ'の一種であり、'バナナワニ'は'ワニ'の一種であるという解釈がなされるとしている。以下にはそこで紹介されていた例の中の一部をあげる。

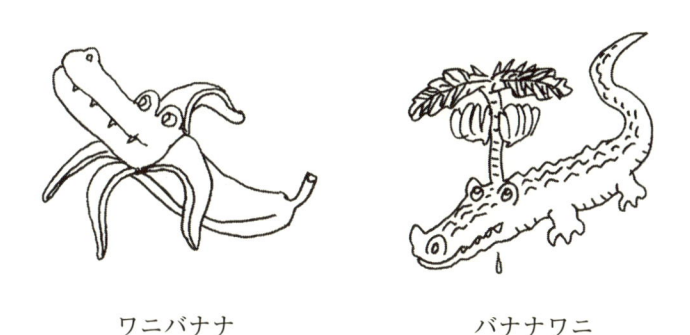

　　　　ワニバナナ　　　　　　　　バナナワニ
　　　図1　新しい造語とそのイメージ（大津1996）

ここでは、バナナワニ、ワニバナナといった造語でも後ろの単語の意味を中心に理解されるということになる。この構造がNQC型にも適用されるのではないかと考えて仮説を立てたい。

---

[1]　森山(2000)にも同様の指摘がある。

ここでは「名詞+名詞」構造の複合語がNQC型と全く同じであると主張するつもりはない。ただ，1.節で述べたように奥津(1969)ではNQC型が名詞と名詞からなるという指摘をしており，本稿も基本的には同じ立場である。Qがどういった名詞なのかという議論は本章の4.節で詳しく論じるが，とにかくNQC型においてQが名詞Nに後続して全体として名詞句を形成していることにより，「名詞+名詞」構造との類似性が認められる。その類似性をもとにした類推でNQC型にも同様の解釈がなされるのではないかと考える。ここで言う類推とは，「名詞が連続するときは，後ろを中心に考える」というスキーマが「名詞+名詞」構造の複合語から，NQに拡張されるというものである。そこで，以下のような仮説を立てて，以後検証していきたい。

(8)　本章の仮説：NQC型はNとQの連続において，Qに重点を置いて表現したいときに用いる

本稿ではQを「数詞+助数詞」のかたまりとして捉えている。表現によっては重点が数詞寄りであったり，助数詞寄りであったりするが，日本語はこの二つを分けて使用することはないので，特に分けて考える必要はない。仮説で言う重点とは，先行研究で「数量を明示する働き」(益岡・田窪1992: 98)，「数量情報の読みを優先する」(中川・李1997: 107)などと指摘されている内容のことである。焦点化や強調といった操作に関わっていると考える。なお，第1章でもNCQ型のQを新情報(焦点)であると指摘しているが，これは文レベルの焦点であり，本章で言う重点とは名詞句内の焦点という意味で区別している。

2.2　Downing (1996) 再考

　ここではまず，Downing(1996)の指摘を紹介したい。そこでは，NQC型の特徴は数に関する情報に際立ちを与えないところにあるという指摘を行っている。"In neither "standard" nor "exhaustive" uses of the Type 2 construction (NQC型を指す：筆者注), then, is the information about number presented as salient."とあり，この指摘の根拠としている例を見ていく。

(9)   あなたがた二人をのっけると，ほかの人を乗せてあげられない。
(10) 太郎たち五人が入ってきた。
(11) 母の亡くなった夜，人々の同情は，かえこ一人に集まりました。

（Downing 1996：原典はローマ字表記）

　NQC型は(9)(10)のように，小説の登場人物として既出のものを繰り返して使われることが多いと述べ，たとえ既出ではなくても(11)のように数量情報が空の例があると指摘している。つまり，(9)(10)においては，'あなたがた'や'太郎たち'が何人かはすでに聞き手に伝わっており，(11)では'かえこ'は固有名詞なので一人に決まっているのであるから，どちらも数量情報は低いというのである。これは実例に基づいた堅実な主張である。
　ここで注意したいのは，収集例文の少なさである。詳しい数は示されていないが，Downingは小説を中心に収集した226例中106例がQのNC型で96例がNCQ型であるとしている。つまり，NQC型とNのQC型合わせて24例しか見つからなかったわけである。そういった少数例では偏りが出るということを指摘したい。更に，この指摘はNQC型におけるNとQを比較して行っているものではなく，他の形式におけるQとNQC型におけるQを比較している。提示されているすべての例文においてQがわかりきっている数であるのは確かだが，Nもすべて旧情報である。
　(9)は本稿では数量詞の代名詞的用法として扱っている。人称代名詞が付加された数量詞の代名詞的用法は，数量詞だけにしても意味は通じる。

(9′) 二人をのっけると，ほかの人を乗せてあげられない。

繰り返し出てくる登場人物なら，文脈があれば数量詞だけで代名詞的に使用することが可能である。その意味で，Qが重点であると言える。こういった数量詞の代名詞的用法に指示詞や代名詞といった場指示語（deictic words）が

付加される現象については第 7 章で論じる。

　(11) については，Downing 自身も指摘しているが，'一人' を付加することで，"often carrying the implication that the number is smaller than might be expected."(Downing 1996: 230) としている。つまりわざわざ言わなくても数字はわかるのに，それを言うことで，何か別の含意が出てくるのである。逆に言えば，その含意を出すためには Q が必要であり，数としての情報量が低いことと，NQC 型の Q に重点を置くという主張は，矛盾したものではないと言える。数としての情報が低い代わりに，Q が別の機能を持っており，そこに重点を置くことにより，この形式が成立している。

(12)　しかしそれにしても，当時は東京でも一ヶ月十円もあれば，夫婦二人が食べていけた時代である。　　　　　　　　　　　　　　　（落日）

この例も同様に，'夫婦' というのは '二人' に決まっているのだから，数としての情報量は低い。(12) の引用部分だけではわからないが，この引用部分の前に，主人公野口英世が無駄使いをしたエピソードがあげてある。その後に続く (12) では，主人公の野口英世が無駄使いしたお金と，当時の一般的な夫婦が消費するお金を比べており，主人公一人対夫婦二人という対比に重点が置かれている。こういった対比文脈での焦点は何かと考えると，NQC 型の Q に重点があるということが明らかになる。以下の例では小説以外のものを中心に，仮説を検証していきたい。

3. 実例の分析

　ここでは小説以外の使用例を中心に見ていく。小説を扱ったとしても，2. 節で見たような旧情報の例ばかりではないということを確認したい。

3.1 教科書，辞書，補助教材，レシピ

　本稿で主張する仮説は，NQC 型は NQ の連続において Q に重点を置く，

というものである。ここではまず，NQ だけを取り出して使われているような場面から例文を出してみる。これは，中国語の教科書で助数詞の解説として日本語訳が提示されているところである。

(13)　中国語助数詞の解説
　　　～个（ge）　　一个面包　　　（パン 1 個）
　　　～杯（bei）　　两杯咖啡　　　（コーヒー 2 杯）
　　　～本（ben）　　三本书　　　　（本 3 冊）
　　　～张（zhang）　四张电影票　　（映画のチケット 4 枚）
　　　～瓶（ping）　　五瓶啤酒　　　（ビール 5 本）

この例は，『1 年生のコミュニケーション中国語』（劉穎／白水社）という中国語の教科書に載っているものであるが，他の教科書も同様の扱い方をしている。一番左で中国語の助数詞を紹介し，その使用例を次の列であげて，一番右でその日本語訳を付けている。そこでの日本語訳はすべて NQ の順序になっている。助数詞を説明するための解説であるから，当然情報の重点は Q になる。ここでは，パンやコーヒーの訳は大切ではなく，助数詞の訳がより重要な情報となる。

　また，助数詞の確認テストによる実験が『数え方の辞典』（飯田朝子／小学館）で紹介されており，そこでも数量表現は NQ の形で使われている。これは，缶に入ったものを数えるときにどういった助数詞を使うかを確認するためのテストである。日本人に質問すると，同じ缶の絵を見せても，アスパラガスが入っているかジュースが入っているかで異なった助数詞を使っているという報告をしている文から下の例文を抜き出した。

(14)　（缶の絵を見せながら）「これはジュースの缶です。何と数えますか？」
　　　　　　　　　　　「缶ジュース 1 本」

ここでは，「何と数えますか」という質問に対する答えなので，情報の重点

は数量詞の方にあると言える。実際にインフォーマントの答え方はいろいろあり得るが、それらを報告する際に(14)の例のようにNQ型が使われているというのは、本稿での仮説を支持するものである。

　次の例は日本語教育で使われるゲームで、教師用補助教材『日本語コミュニケーションゲーム80』（CAGの会編／ジャパンタイムズ）から引用したものである。

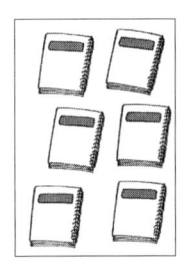

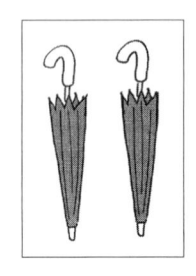

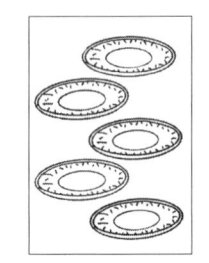

図2　助数詞神経衰弱用カード

図2のようなカードを使って日本語の既習項目を確認するというのがこのゲームの目的である。ここでの既習項目というのは助数詞である。様々なものに対応する助数詞を習得できているか、このカードで神経衰弱をすることによって確認していく。例えば、切手のカードとお皿のカードをめくったときの発話として、以下のような発話をするのがルールになっている。

(15)　「切手4枚とお皿5枚」

神経衰弱なので、'4'と'5'ではめくったカードをもらうことはできないが、ここで注意したいのは、NQC型が使われているということである。

(15′) ?「4枚の切手と5枚のお皿」

QのNC型を使うと少し違和感が出てくるのは、助数詞の習得を確認するというゲームの目的に反するからであろう。もちろん、'切手'や'お皿'といっ

た語彙の確認であれば，(15′) の形も問題なく使えるが，このカードでやる必要はない。この例からも NQC 型は Q に重点を置くという仮説 (8) が支持される。

また，料理のレシピなどでも NQC 型がよく使われている。

(16) 　小麦粉 120g に玉子 2 個を加えてください。

(16) の '120g' の部分は度量衡の単位が助数詞として使われている。レシピでは量が大切な情報になる[2]。例えば，パンケーキを焼くためにレシピを見るとする。そのとき，小麦粉や玉子が必要なことは当然であり，レシピではそれらの材料をどれくらい使うのかという量に焦点が当たることが多い。小説の例でも同じである。レシピに限らず量というのは重要度が高い。

(17) 　清作の欲しかった教科書は標註漢文教科書全四巻で，合わせて三円という高価なものであった。当時白米一升が十二，三銭であったから，大変な額である。　　　　　　　　　　　　　　　　　　　　　（落日）

例えばこの文脈では，教科書の値段と米一升を比較している。米というのはそれ自体では価格がはっきりしないので，その量が決まらない限り，価格の比較という文脈に当てはまらない。つまり量を伝達する Q の部分が重点になってくるのである。

3.2　新聞

Downing (1996) では，NQC 型は使用例が Q の NC 型よりも圧倒的に少ないという指摘があったが，2.2 でも指摘した通り，そこでは小説中心のデータを取っていた。ここでは，新聞というメディアを取り上げて，数量表現はどういう使用状況にあるのか見ていきたい。日本語記述文法研究会編 (2009)

---

[2] 同様の指摘は加藤［美］(2003) にもある。

は新聞にこの NQC 型がよく使われることを指摘している。

まずは，使用数だけを比較してみたい。対象期間は 2003 年 4 〜 5 月までで，その間に新聞に出現した数量表現を無作為に抽出している。ここでは Q の NC 型と NQC 型だけの比較が目的であり，その 2 形式の用例だけを集めた。

表 1　新聞から抜き出した数量表現（2003 年 4 〜 5 月分）

	Q の NC 型	NQC 型	計
朝日新聞	28	52	80

この数字で十分な量があると主張するつもりはないが，一応の目安として Q の NC 型，NQC 型の分布状況がわかるのではないだろうか。つまり NQC 型が新聞ではかなり使用されている。新聞という文体的な特徴ももちろんあるだろうし，字数に制限が加えられるので，Q の NC 型よりも字数の少ない NQC 型が使われるという説明もできそうである。しかし，本稿の仮説から説明するとすれば，新聞というメディアは数量表現が報道の中心になりやすく，必然的に数字に重点を置いて表現する NQC 型が好まれるようになるとも言える。

3.2.1　死亡に関わるニュース

一つの証拠として，死亡に関わるニュースを集めてみた。事件を扱うニュースにおいて，死者の数は注目度が高い。死者の数がその事件の程度を示すスケールになっていることは'死者 5000 人を出した○○大震災' などの表現が使われることからもわかる。これは死亡という出来事が人々へ与えるインパクトを考えると当然である。集めたデータの中で死者の数に関わるものは 80 例の中で 10 例あった。それらはすべて NQC 型が使われている。以後取り上げる例は表 1 にある通り，2003 年の朝日新聞であるから，月日のみの表示とする。

(18)　ロイター通信によると，バグダッド東部での激しい戦闘で少なくとも

米兵 2 人が死亡した。 (4.8)
(19) 重症急性呼吸器症候群（SARS）による肺炎の流行が続いている香港で，香港政府は 8 日，新たに 45 人の感染者が入院，高齢者 2 人が死亡したと発表した。 (4.9)
(20) 米兵 2 人とスペインとドイツの従軍記者 2 人が死亡した。 (4.8)
(21) 戦闘で民兵約 300 人と，英兵 3 人が死亡したという。 (4.8)
(22) …ロイター通信によると同通信のウクライナ人テレビカメラマン 1 人が死亡，記者や技術者 3 人が負傷した。 (4.9)
(23) …AP 通信によると，ほかにスペイン人テレビカメラマン 1 人が死亡した。 (4.9)
(24) バグダッド市内で 8 日，報道機関への攻撃が相次ぎ，記者，カメラマン合わせて 3 人が死亡した。 (4.9)
(25) AFP 通信によると，この戦闘で米兵 1 人が死亡，約 30 人が負傷した。 (4.11)
(26) AFP 通信によると，海兵隊員 1 人が死亡し，3 人が重症。 (4.11)
(27) 火は 20 分ほどで消えたが，蓑原さんの子供 3 人が煙を吸って病院に運ばれ，3 人とも 25 日午前 0 時過ぎに一酸化炭素中毒で死亡した。 (4.25)

これだけの例で断定することはできないが，数字の重要度によって NQC 型が選択されて使われているのではないかと予想することは可能である。

(19) の例などは，Q の NC 型と NQC 型が使い分けられている。つまり SARS の蔓延という事件にとって，死者の数というのは注目度が高く，感染者の数よりも重要度が高いので NQC 型が使われているという説明ができるのではないだろうか。もう一つの解釈として，この例文では，感染者の数は 45 人であるが，高齢者の数は 2 人ではない。つまり不特定数の高齢者の中から，死亡した 2 人を取り出しているとも考えられる。こう解釈しても Q が重点であるという仮説で説明は可能であろう。

3.2.2 目録・リストとしての提示

　Downing(1996)でも紹介されているが，NQC 型には，いくつかの NQC 型を並列助詞 'と' で結んで使用する「目録・リスト(inventories and lists)としての用法」(Downing 1996: 228) がある。

(28)　ベッド一つとテーブル一つで部屋はいっぱいで…
　　　　　　　　　　　　　　　　(Downing 1996：原典はローマ字表記)

この例はあくまで周辺的なものとして扱われており，スタンダードは (9)(10) のような代名詞的なものや，(11) のような数が予測できるものであるとしていた。ところが，実際にはこの，目録・リストとしての用法は新聞でよく目に付く。

(29)　民間の経験や知識を地域の活力につなげたいと募集は昨年から始めた。昨年は<u>事務系 10 人と技術系 5 人</u>を採用した。　　　(朝 03.9.11)[3]
(30)　団体の指導者と見られる女性(69)を含む<u>女性 24 人と男性 25 人</u>が分乗していた。他に<u>猫 10 匹とインコ 2 羽</u>がいた。　　　(朝 03.5.7)

目録・リストとしての用法は，新聞だけに関わるものではなく以下のような漫画の例でも何かをリストアップする文脈であれば使われている。

(31)　志乃「赤城くんからプレゼントされたのは」「自転車だけじゃないのよ。」
　　　三四郎「…」
　　　志乃「クマのプーさんのぬいぐるみとウサギさんのキーホルダーと<u>石焼きいも 3 個とズワイガニ 1 ぱいとマツタケ 2 本</u>と…」　(1・2の)

これらの例で NQC 型が使用されるのも，仮説 (8) から説明が可能である。

3　この例は 3.2 で用いたデータとは別に収集したものである。

目録・リストといったものは，その性質上，全く無関係なものをつらつらと並べるわけではなくて，目録の中の項目には統一感が必要である。ここで並列助詞‘と’についての説明を引用してみると，「同種のものを対等の関係で並立させ，それらを一まとまりにし，一体言の資格とする。」(阪田 1971b: 540)とある。つまり，「A と B」というふうに並列させるときは，‘A’と‘B’が同種のものであるという前提がいるのである。この‘A’と‘B’に数量表現が使用されるとき，Q の NC 型だと，相対的に統一感が見えにくくなる。

(29′) ?…昨年は <u>10 人の事務系と 5 人の技術系</u>を採用した。
(31′) ?志乃「…<u>3 個の石焼きいもと 1 ぱいのズワイガニと 2 本のマツタケと</u>…」

(29′)(31′)は，同種のものが並んでいるとは解釈しにくいし，それらが一まとまりになっているという感じがしない。NQC 型にすると，仮説(8)から，数字に重点を置いた形式となる。つまり，「A と B」という並列において，「10 人と 5 人」「3 個と 1 ぱいと 2 本」のように数詞を含む Q が連続することで統一感が出てくるのである。‘A’や‘B’といった項目のそれぞれの重点は Q であり，それぞれの項目間は数という共通カテゴリーで統一されるのである。これは並列助詞を使わなくても，目録・リストなら，すべて当てはまる特徴であると言える。以下のような例においても，目録・リストとして使われる場合はまず NQC 型が使用されるのである。

(32)　レイエス国防相によると，派遣団は<u>国軍兵士 300 人，警官 100 人，医師や看護士など専門家 100 人</u>で構成される。　　　　　（朝 03.4.11）
(33)　米国防総省は米軍の死者を 102 人，<u>捕虜 7 人，行方不明 11 人</u>と発表した。　　　　　　　　　　　　　　　　　　　　　　（朝 03.4.11）

ここでは，目録・リストとしての文脈で数量表現が使用される場合は，それぞれの統一感を成立させるために NQC 型が使われるということを主張した。なお，ここまで仮説をもとに目録・リストの用法を説明することを試み

てきたが，物理的要因として，NQC 型は Q の NC 型よりも文字数が少ないという事実は，当然影響しているはずである。目録・リストを作る際，簡潔な NQC 型が選ばれているという可能性も否定できない。

4. 数量詞の名詞性

　ここまで，NQC 型は Q に重点を置いた表現であるという主張を行ってきた。また，1. 節の奥津 (1969) の指摘に従い，NQC 型の Q は名詞的なものであるという立場で議論を進めてきた。ただし，一言で名詞といっても様々なものがあり，名詞性の濃いものから薄いものへといくつかの段階が見られるという指摘がされている (寺村 1968)。そういった指摘を踏まえて，この節では，Q の名詞性について論じたい。その段階はどの程度のものであるか，ということを明らかにしておきたい。

　寺村 (1968) は，名詞を下位分類するに当たって，その基礎となるいくつかの特性を立てている。その中で以下の枠にはまる名詞の特性を，「実質(実体)性」と呼んでいる (以下本稿では実質性と表記する)。

(34)　コ (ソ, ア) レハ―――――デス。　　　　　　　　　　　(寺村 1968)

実質性と呼ばれる特性は，「最も広範囲の名詞を入れることのできる枠のようである」(寺村 1968: 7) と指摘しており，「納まらないのは代表的にはいわゆる形式名詞で，「時」を表すもののうち副詞性のものもなじまない。」(同上) としている。普通名詞はどんなものでも入るが，確かに形式名詞や時の名詞は違和感がある。

(35)　これはペンです。
(36)　これ (こちら) は学生です。
(37)　?これはところです。
(38)　?これは昨日です。

もちろん特別な文脈を考えれば(37)(38)の例も使用可能ではあるが，普通の状況では不自然である。数量詞もここに納まらないものではないだろうか。

(39) ?これは三人です。 ?これは三個です。

特別な文脈がないと納まらないという点では形式名詞や時の名詞と共通している。名詞的になったり副詞的になったりという点では時の名詞と共通しているし，実質的な意味を欠いているという点では形式名詞と共通している[4]。数量詞は数詞と助数詞からなるが，数詞が表すのは〔1, 2, 3, 4…〕という数情報で，助数詞が表すのは〔人，個，本…〕などといったカテゴリー情報である。そのためどちらも情報量としては非常に低く，実質性のなさにつながるのである。実際に例を見ても，代名詞的な用法が使用できる文脈がなければ，単独で使用されると非常に抽象的になる。

(40) 五人のキャンプは労働力が多いから楽だ。一人が何か一つのことをやればいい。　　　　　　　　　　　　　　　　　　　　　　　　（川）

この例は，数量詞が何か特定の指示物を指して代名詞的に使われているのではなく，ただ漠然と「五人の人間が集まって行う」という意味で使われている。数量詞の単独使用は，代名詞的な場合を除き，このように意味の抽象性を伴う。

　NQC型は「課長島耕作」「正義の味方月光仮面」などのように名詞を二つ並べて同格的に表現する用法に近いという指摘がされていることを1.節で紹介した。固有名詞が後ろに来ているこれらの例は，言い換えれば実質性の高い名詞(固有名詞)が後ろに来ている。つまり名詞の連続では実質性の高い名詞が後ろに来るのに，NQC型においては，実質性の低いQが後ろに来ているのである。ここが単独で使用したときのNQC型のすわりの悪さにつな

---

[4] 木枝(1937)他では数量詞を形式体言であると指摘している(第1章参照)。

がっているのではないだろうか。例を再掲する。

(41=(6))　「三匹の子豚」「二人のロッテ」「七人の侍」「白雪姫と七人の小人」
(41'=(6'))　?「子豚三匹」「ロッテ二人」「侍七人」「白雪姫と小人七人」

Qに重点を当てるような文脈の中で使用されると，これらのすわりの悪さが解消されるというのは，本章で繰り返し主張してきたことである。ここでは，名詞として見たときの数量詞を考えると，実質性という特性が低いという特徴があることを指摘しておく。

5. NQC型とNCQ型

ここまではQのNC型とNQC型を比較してきたが，少し視点を変えて議論したい。本章で述べた仮説では，Qに重点を置いて表現したいときNQC型を用いるとした。これは第1章で述べたNCQ型数量表現の特徴と類似している。本節では両者の違いを指摘しておきたい。第1章ではNCQ型を以下のようにまとめた。

(42)　Qが新情報（焦点）となる無標の数量伝達形式である

本章のNQC型に関する仮説を以下に再掲する。

(43=(8))　NQC型はNとQの連続において，Qに重点を置いて表現したいときに用いる

例文は以下の通りである。

(44)　学生が三人反対した　　　　（NCQ型）

学生三人が反対した　　　　（NQC 型）

本章で行った重点という主張は，2.1 で述べたように，焦点化や強調といった操作を想定している点で，(42)における新情報と類似している。新情報も文における焦点である。ただ本章では，名詞句内で焦点化された部分を重点と呼び，NCQ 型という文レベルで焦点化された部分を新情報として区別している。名詞句内に重点があるということは，数字に注目させつつ，複数の名詞句を列挙していくことが可能になる。3.2.2 で見たような目録・リストとしての用法が出てくるのは，まさに NQC 型の特徴であると言えるが，NCQ 型にはこういった用法は見つからない。

6. 本章のまとめ

　この章では，NQC 型の数量表現について先行研究を概観し，2.節で「NQC 型は Q に重点を与えるものである」という仮説を立てた後，それを支持する実例を 3.節で見てきた。4.節では数量詞が名詞として使われるときの特性について，実質性という概念で説明を試みた。そこでは，数量詞と，形式名詞や時の名詞との共通点を指摘した。これは以後の議論とも関わってくる重要な特徴であるので，改めてここで確認しておきたい。

第4章

NのQC型数量表現*

　本章では，NQC型と似ているが少し違う，NのQC型数量表現を扱う。「出席した学生の三人が反対した」のようなタイプを例として第1章で紹介したが，こういった部分数を表すタイプ以外にどのようなものがあるのかを見ていく。結論としてはこのタイプには全部で3種類あることを示す。また，NのQC型と連体修飾の外の関係との共通点を指摘する。そして，外の関係の意味を考察することで，NのQC型に関わる使用制限も明らかになるという主張を行う。

1. 本章の目的と先行研究

　先行研究を概観する前に，NのQC型は形式だけで規定すれば広く雑多なものが含まれ得るので，ここで対象となるNのQC型を定義しておく。第1章で述べたように，本稿の対象となる数量表現は「Nについてその数とカテゴリー情報をQが表すもの」であった。よって，以下のようなものは対象にならない。

(1) 　ジャージの二人，屋上の二人，荒野の二人…

---

* 本章は岩田（2006b）「日本語数量表現NのQC型に関する一考察」をもとに，一部加筆修正を加えたものである。

これらの例は，Q の助数詞が N と一致していないので，N の数を Q が表しているものではない。'ジャージの二人' の場合，N であるジャージの数は，'一人，二人' と数えるべきものではないからである。

　この形式は他の形式に比べて，非常に使用例が少なく，先行研究もさほどない。また，具体的に例を見ていくと，使用に制限があることがわかる。それらの制限を明らかにした上で，その制限がどこからくるのかを明らかにするのがこの章の目的である。

　　本章の目的：N の QC 型数量表現にはどのようなタイプがあるかを記述
　　　　　　　し，それらの使用に関わる文脈条件を明らかにする

1.1　慣用的な N の QC 型

　N の QC 型を扱っている論文は少ない。少し古いが山田（1908）では，数量表現の様々な形式の一つとして，N の QC 型らしきものをあげている。そこでは「名詞を連体語として数詞の上におく」（山田 1908: 220，引用元の漢字は旧字体）という説明をして，以下の例が一つだけあげられている。

(2)　　かかる時に友の四五人も来れば嬉しからむ。
　　　　　　　　　　　　　　　　　　（山田 1908：引用元の漢字は旧字体）

現在，実例を探してみても同様の例はいくつか見つかる。

(3)　　「女の二人や三人いないようでは，部下が統率出来ないでしょう」
　　　と笹川良一が言うと，山本は，
　　　「君は一体，何人ぐらいいるんだ？」
　　　と聞き返して来た。　　　　　　　　　　　　　　　　　（山本）
(4)　　豪太のエピソードは本人が忘れても周囲の人が忘れてはくれない。本の二冊や三冊は出来るくらいだ。　　　　　　　　（ネット：セーラ）

このタイプは慣用的に用いられて，それぞれQの数がたいした数ではないという意味を含意している。(2) では，「四五人というのは少ないけれど，それでも私は嬉しい」という意味である。(3)(4) も同様に，(3) では「女性を二人や三人持つというのはたいしたことではない」，(4) では「エピソードがたくさんあるから，本を書くにも二冊や三冊は簡単である」といった意味で用いられている。このタイプは，(3) のように，助詞がないことが多く，あったとしても 'は' 'も' などの取り立て助詞であり，何らかの数量強調以外は，助詞が付加できない。つまり，NのQCというように数量詞Qが助詞Cに接続するような形式ではない。また，すべての例において，以下のような言い換えができ，これはNCQ型として扱うことができる。

(2′)　かかる時に友が四五人も来れば嬉しからむ。

Qの後ろに格助詞が付加できないこと，NCQ型に書き換え可能なことなどの理由により，これは本稿の対象となるNのQC型には含めない。

1.2　部分数を表すNのQC型

　NCQ型の数量表現が他のタイプから遊離して派生されると考える移動の議論（第1章2.節参照）において，奥津 (1983) は，以下のような規則を立てている。

(5)　　NノQC型　⇒NCQ型
(6)　　或ル日悪イ狼ガ　ソノ仔豚ノ（中ノ）2匹ヲ　食ベテシマイマシタ
　　　⇒或ル日悪イ狼ガ　ソノ仔豚ヲ　2匹　食ベテシマイマシタ

(奥津 1983)

そこでは，NのQC型は，定名詞をNとする文の基底形として提示されている。遊離や派生関係といった議論はここではしないが，このようにQが部分数を表すときの基底形をNのQC型としており，NのQC型が部分数を表

す形式であると考えているようである。第1章で紹介した『日本語百科大事典』に出てくる例もこれと同じで部分数を表すものである[1]。ここに再掲する。

(7) ① 三人ノ学生ガ反対シタ　　　（Qノ NC 型）
　　 ② 出席シタ学生ノ三人ガ反対シタ（Nノ QC 型）
　　 ③ 学生ガ三人反対シタ　　　　（NCQ 型）
　　 ④ 学生三人ガ反対シタ　　　　（NQC 型）

1.3 付加的同格 (summative appositive)

　これまでの先行研究は，NのQC型を研究の対象としているわけではなく，他の議論との関わりで少し触れているといった程度のものであった。この形式について詳しく論じていると言えるのはDowning (1996)ぐらいである。そこでは多くはないが実例をもとに，NのQC型の特徴を説明しており，以下のような例があげられている（例文は原典においてすべてローマ字表記）。

(8) 　<u>彼女と妹のかえこの二人は</u>，その土地を元手に食べているのです。
(9) 　ただ違うのはさ，テレビは<u>赤と緑の二色</u>の代わりに，赤と緑と青と三色の像を'同時に常に'出しているわけなのよ。　　（Downing 1996）

　そして，これらの例をもとに，NQC型との類似点はあるものの，決定的な違いは(8)(9)のようにNの部分にindividual referentsを示さねばならない点にあるという指摘をしている。また，Downingは，1.2で述べた部分数を表すものは対象ではないと述べている。

　　　Because I wish to restrict my attention in this section to cases in which both the numeral-classifier pair and a *co-referring* nominal appear, I have excluded

---

[1] NのQC型が部分数を表すことは矢澤 (1985) ですでに指摘している。

from consideration those morphologically identical examples in which the *no* intervening between the noun and the numeral-classifier pair expresses a possessive or partitive relation, rather than an appositive one.

(Downing 1996: 230)

つまり、1.2で述べた部分数の例は、N (nominal) と Q (numeral-classifier pair) が互いを refer しているわけではない（Nの数とQの数が一致しない）ので、対象から外すということである。よって、対象となる(8)(9)のようなものを付加的同格 (summative appositive) と呼び、NのQC型として扱っている。本稿の立場もこれと同じで、(8)(9)のような例がNのQC型の中心的なものであると考える。ただ、部分数を表すものがNのQC型ではないと結論付ける積極的な理由もないので、2.節では一つのタイプとして扱う。

ここまで見てきた、1.2 部分数を表すもの、1.3 付加的同格のものという2タイプ以外には、NのQC型はないのだろうか。結果を先取りすると、全部で3タイプに分けられる。それらは一体どういった文脈で用いられて、どういった制限があるのだろうか。次の節では、集めたデータをもとにNのQC型を分類し、使用に関わる制限を明らかにする。

2. NのQC型の数量表現

ここでは実際に例文を見ながら、NのQC型数量表現というのは、大きく三つのタイプに分けられることを見ていく。このタイプは他のタイプに比べて例文が少ないので、本章では、主に電子版『新潮文庫の100冊』や新聞、必要に応じてインターネットから例文を抽出した。

2.1 Nが固有名詞などでQの内訳を説明するもの（タイプ1）

これは1.3で紹介したDowning (1996) が付加的同格 (summative appositive) としたものである。例文の少ないNのQC型において比較的用例が多いため、(11)(12)のような小説の例だけではなく新聞の例も見つかる。表記は

(10)(12)のように‘,’でつなぐもの，(11)のように‘米内吉田山本’と塊で示すもの，(8)のように‘と’でつなぐものなど様々であるが，本稿では引用を除いて基本的に‘と’でつないで表記する．

(10) <u>Ａさん(29)，Ｂさん(28)，Ｃさん(28)，Ｄさん(29)の4人</u>が，趣味で写真やCGなどを学ぶために通っていた学校で知り合ったのがそもそもの始まりだった．4人の共通点は…(A，B，C，Dは固有名詞が入る：筆者注) (朝 04.9.30)

(11) 二十九日の朝七時十分，海軍省副官実松譲少佐の出迎えを受けて東京駅に着き，大臣官邸に赴くと，待っていた米内光政が風呂がわいているから入れと言い，吉田が風呂に入っている間に次官の山本も顔を出し，それから<u>米内吉田山本の三人</u>は一緒に朝粥を食って話をした． (山本)

(12) 同行は，<u>海軍省官房の書記官で山本の友人であった榎本重治，副官役の光延東洋少佐，海軍省嘱託の溝田主一の三人</u>，ほかに，彼らの荷物，タイプライター，暗号機などを持った海軍一等兵曹の横川晃が，別途，九月十六日横浜出帆の郵船筥崎丸で，スエズ経由ロンドンに向っていた． (山本)

(10)は，Qの4人という数量詞の内訳として，‘Ａさん(29)，Ｂさん(28)，Ｃさん(28)，Ｄさん(29)’というＮが修飾している．‘Ａさん(29)，Ｂさん(28)，Ｃさん(28)，Ｄさん(29)’というところは，‘Ａさん(29)，Ｂさん(28)，私，私の妹’というように，代名詞や普通名詞で入れ替えることも可能であるが，実際には(10)(11)(12)のように，固有名詞の例が圧倒的に多い．どんな名詞が来たとしても，Qの内訳を説明しているという点で共通しているのがこのタイプである．以後の考察では，このタイプをタイプ1と呼ぶ．

電子版『新潮文庫の100冊』の中から日本人作家の作品22冊分を取り出

した簡易コーパスで[2]，検索語「の三人」で検索すると，NのQC型が52例見つかった[3]。その全52例のうち50例（96%）がタイプ1である。タイプ1ではない残りの2例は2.2で扱うタイプ2である。更に，検索語を「の二人」にすると23例すべてがタイプ1であり，100%になる。このタイプのみをNのQC型として扱っているDowningの考察は量的にも支持される。

2.2 NがQの属性的に解釈できるもの（タイプ2）

このタイプは先行研究のどれもが扱っていないタイプである。使用例が少ないので見逃されがちであるが，NとQが互いをreferしている（in which both the numeral-classifier pair and a co-referring nominal appear: 1.3の引用より）という点では，タイプ1と同様にNのQC型の中心的なものとして扱えるものである。詳しいことは2.4で論じる。

(13) 五人の内，<u>中年者の三人</u>は大工，左官，足袋屋であった。　　　（さぶ）

(14) 貴い血すじの姫に惹かれる男ごころの常として，誰もかれも，見ぬ恋に心を焦がすのであった。その中の<u>有力な求婚者の三人</u>は，ことにも，自分こそはと躍起になっていた。　　　　　　　　（新源氏）

(15) 昨日，高三のときのクラスメート四人で飲んでました。…それにしても，四人のうち社会人は一人だけ…，<u>自分も含めて学生の三人</u>は思考回路がスローだなぁとつくづく思いました。　　（ネット：ブログ1）

タイプ1と違って，Nが普通名詞になるのがこのタイプであり，Qの属性

---

[2] 数量詞が関係する文だけを抜き出した簡易コーパスで，作品名は，『楡家の人びと，羅生門・鼻，野菊の墓，野火，二十歳の原点，沈黙，戦艦武蔵，雪国，青春の蹉跌，人民は弱し官吏は強し，焼け跡のイエス・処女懐胎，小さき者へ・生れ出づる悩み，女社長に乾杯！，山本五十六，砂の女，黒い雨，国盗り物語，剣客商売，華岡青洲の妻，歌行燈・高野聖，一瞬の夏，ブンとフン』となっている。米澤優氏が研究のために作成されたものを使わせていただいた。ここに感謝申し上げます。

[3] この検索語では，'あの三人''その三人'といった，代名詞的用法に指示詞が付いたものが大量に検索されるが，それらは除外している。「指示詞＋代名詞的用法」については第7章で論じる。

をNが表しているという解釈ができる。(13)では，'三人'というQがどれも'中年者'であるという共通の属性を有している。(14)では'有力な求婚者'，(15)では'学生'という属性をそれぞれ'三人'に付与している。

またこのタイプは，文脈に条件があり，先行文脈である集合が提示され，その中からNという属性を持つQを取り出して，それについて叙述するような状況で使用されている。(13)では，'五人'の中から，中年者という属性を持つ'三人'を取り出している。(14)も同様，不特定数の'求婚者'の中から，有力な求婚者である'三人'を取り出している。(15)では飲み会参加者'四人'から学生の'三人'を取り出している。

このタイプは，ある属性を持ったQだけを取り出すことにより，他のメンバーと区別を行うことになる。結果として，他の属性を持つものとの対比のニュアンスが出てくることもある。(15)の例がわかりやすいが，'社会人'と'学生'を対比している。学生について「思考回路がスローだ」と述べることで，社会人はそうではないという含意が出てくる。

これらは2.1で述べた通り，検索結果52例中たったの2例しかなく，タイプ1に比べると圧倒的に例が少ないということがわかる。

(16) 学生の三人は，1000円だけでいいからね。

こういった作例を見ても，この発話が教員によってなされているだろうという含意が感じられる。例えばこれは，学生三人，教員三人の集合が文脈として与えられているなら自然な発話として理解できる。逆に言えば，そういう文脈なしでは成立できないということである。以後このタイプをタイプ2と呼ぶ。

2.3 定のNの部分数をQが表すもの：Nの中のQ(タイプ3)

奥津(1983)や『日本語百科大事典』の先行研究で扱われているNのQC型はこのタイプである。これはQが部分数を表すというものであり，以後タイプ3とする。

(17=(7b))　出席シタ学生ノ三人ガ反対シタ
(18)　研究グループでは，教授一人の下で三人の大学院生がそれぞれ別の研究を行っていました。学生の二人は，自宅から大学へ通っており，もう一人も隣のウィスコンシン州から来た人でした。

(ネット：ブログ2)

奥津(1983)でも指摘しているように，このタイプは'Nの中のQ'という意味で使われており，他の形式が表面上NのQC型をしているだけとも考えられる。

2.1で述べた『新潮文庫の100冊』の簡易コーパス検索でも実例はなく，量的に見てもやや周辺的なものと言える。検索結果を見ると，このタイプを表すときは'学生のうちの三人が'というように，部分数を表していることをはっきりと明示しており，NのQC型が'Nの中のQ'という意味を表している例はない。しかし，インターネットでよく探せば'三人'ではないにしても(18)のような'二人'の例ならたまに見つかるので，実例が全くないというわけではない。また，検索語を「の一人」とすると，このタイプの実例は，たくさん見られる。これについては第8章で詳しく扱う。

(19)　「ねえ，みどりまだ来ないの？」と，ホステスの一人が苛々した声を出す。　　　　　　　　　　　　　　　　　　　　　　　　(女社長)
(20)　そこで内供は弟子の一人を膳の向うへ坐らせて，飯を食う間中，広さ一寸長さ二尺ばかりの板で，鼻を持上げていて貰う事にした。　(羅)

使用状況から判断すると，このタイプ3は数詞が'一'のときに限って使われるかなり制限の強い用法であると言えそうである。

2.4　連体修飾構造としてのNのQC型

3. 節以降の考察は，タイプ1，タイプ2に絞って行う。その理由は二つある。まず一つ目は，1.3でDowningが用いた基準による。N (nominal)とQ

(numeral-classifier pair) が互いに refer しているという点を考慮すると，タイプ1もタイプ2もNの数とQの数が同じである（部分数を表さない）という点で共通している。

　二つ目の理由は，この二つのタイプはどちらもNがQの特徴付け (characterization) を行っているという点で，典型的な連体修飾であると言えるからである (Bolinger 1967)。タイプ1は，Qの内訳をNが表すことで，Qがどのような構成員からなっているかというQの特徴を示している。タイプ2も，属性を表すというところからわかるように，NはQの特徴付けを行っている。それに比べてタイプ3は，NのQC型をしているものの，'Nの中のQ'という意味でNがQの母集団を表しているだけであり，NがQの特徴を表しているとは言い難い。このタイプは他の例とは少し質が違うので，本稿では以後の議論で対象から外す。

　タイプ1とタイプ2を以下のように文脈なしで並べれば，タイプ1の方が若干すわりがいいことをここで指摘しておく。

(21a)　須田と山本と岩田の三人
(21b)　?学生の三人
(22a)　えんぴつとボールペンとマーカーの3本
(22b)　?ペンの3本

2.1で述べたように，コーパスにおいて圧倒的に使用率に差が出るのも，この落ち着きの悪さと無関係ではないと考える。もちろん2.2で指摘したように，ある集合からの抜き出しという文脈があれば，落ち着きの悪さは解消され，タイプ2も使用されることになる。

　ここまでタイプ1とタイプ2について，すわりがよく使用率も高いタイプ1，使用に文脈制限があるタイプ2という性質を明らかにしてきた。以後本章では，タイプ1のすわりのよさはどこから来るのか，タイプ2の文脈制限はどうして存在するのか，という問題設定をして考察を進めたい。

3. 日本語の連体修飾における意味構造とNのQC型

ここでは，従来から指摘されている内の関係，外の関係といった日本語の2タイプの連体修飾句を，意味的に再定義することによって，NのQC型数量表現と外の関係との共通点を明らかにする。また，それをもとに仮説を提示したい。

3.1 日本語における2タイプの連体修飾

寺村（1975・1977a・b）では，日本語の連体修飾には二つのタイプがあるという指摘がされている。

(23a) さんまを焼く男
(23b) さんまを焼くにおい
(24a) 晩年の検校が記憶の中に存していた彼女の姿
(24b) 宮女たちが群って水を掬み，布を洗っていた姿も画のように想像できる。
（寺村 1975）

(23a)のように，底の名詞が修飾部の用言に対して補語と考えられるものを内の関係，(23b)のように，底の名詞が修飾部のどこかから取り出されたとは言えないものを外の関係と呼んでいる。つまり，(23a)は「男がさんまを焼く」という文ができるのに対して，(23b)はそれができない。下の例も同様に，(24a)が内の関係で(24b)が外の関係である。

このように内の関係，外の関係というのは統語的な構造から定義されているが，それぞれの関係は，意味的にも違いがあり，それらは以下のように説明されている。

まず，内の関係，すなわち，修飾部と底の名詞とが，同一の文を構成し得るような関係を含んで成り立っている連体修飾構文では，修飾節は，底の名詞を'特定する'，つまり単に他と区別する，という点で修飾

しているのに対し，外の関係では，修飾部が底の名詞の内容を述べている，あるいはその内容を補充している，という点にその特徴がある。

(寺村 1977b: 265)

つまり，日本語の連体修飾は意味的に見て，「底の名詞を他と区別するための修飾」と「底の名詞の内容を補充するための修飾」という2種類があることになる。

底の名詞の内容を補充するという外の関係は，底の名詞に制限があり，以下のような名詞に限られている。

(25) i 発話・思考の名詞：言葉，噂，思い，期待…
  ii 「コト」を表す名詞：事実，運命，癖，方法…
  iii 感覚の名詞：におい，姿，音，絵…
  iv 「相対性」の名詞：理由，結果… (野田 1992 をもとに一部改)

これらは，内容補充される側であるから，必然的に抽象的なものが多い。よって，抽象的な底の名詞に具体的な修飾部を連体させているのが，外の関係であると言える。

以上をまとめると，日本語には，「比較的具体的な名詞を底とし他と区別するための修飾」と，「比較的抽象的な名詞を底とし内容補充するための修飾」の2タイプがあることになる。

(26a)　さんまを焼く　男　← 内の関係
　　　　他と区別　　底
(26b)　さんまを焼く におい ← 外の関係
　　　　内容補充　　底

3.2　底としてのQ

奥津 (1969) では，以下の例をもとに，数量詞は単独ではあいまいな意味

になるということを指摘している。

(27)　太郎ガ3冊買ッタ本（ハ　オモシロカッタ）
(28)＊太郎ガ本ヲ買ッタ3冊（ハ　オモシロカッタ）
　　このようにして「本3冊」が分離された場合，本来の名詞的機能を保持しているのは「本」の方であり，「3冊」は名詞としてはあいまいな役割を果すようになるので，…
　　　　　　　　　　　　　　　　　　　　　　　　（奥津1969: 47）

ここで言うあいまいな意味というのは，NのQC型についても言える。「学生の三人が」という表現を見ると，構造上は'三人'というQが名詞として底になっている。これは第3章の4.節で論じた名詞の実質性と関わっており，実質性が低いゆえに意味があいまいになるのである。これは意味が抽象的であると言い換えてもかまわない。

　意味的に見ると'学生'という名詞に比べて，'三人'という数量詞の方が情報量が少なく抽象的である。'三'という数情報と，'人'というカテゴリー情報しかないので，それを単独で助詞と接続しても，指示物が何であるかはっきりとは伝わらない。数情報は，'三'を例に取ると，数が'三'である指示物すべてが指示対象の候補としてあげられることになる。また，カテゴリー情報の'人'は，人という属性を持った指示物すべてをその指示対象とするわけであるから，数情報と合わせて'三人'としても，指示物ははっきりと決められない。その証拠に，全く文脈のないところで，'三人が'という表現を用いても，何か指示物を指すことはできない[4]。よって，奥津（1969）で言う'あいまいな役割'というのは，数量詞の意味の抽象性ということで説明ができる。

3.3　NのQC型と外の関係の共通性及び仮説

　3.1で見たように，外の関係における底は意味的に抽象的なものであった。よって，修飾部なしで発話されると，聞き手は指示物が何なのかわからない

---

[4]　指示物が文脈などから明らかであれば，'三人が'という表現が代名詞的に使われる（第7章）。

ので，疑問を抱き質問したくなる。(23b)の'さんまを焼くにおい'という外の関係の例から修飾部を取った'におい'をもとにして例文を作成し，以下にあげる。

(29) 　ここらへんは<u>におい</u>がする。
　　　どんなにおい？

同様に，NのQC型においても，Qが抽象的であるがゆえに何の文脈もなしに(30)のような発話をすれば，聞き手は何か質問をしたくなるであろう。

(30) 　<u>三人</u>はかわいいよ。
　　　三人って誰？

発話を聞いた聞き手が何か質問したくなるということは，発話がそれ自体で完結していないということではないだろうか。どちらも文脈のない状態で修飾部を取ってしまうと，発話としては何か欠けている感じがするのである[5]。それらは，修飾部を付加することで内容を補足しているのである。
　また，第3章4.節で引用した寺村(1968)の実質性を見るテストを使ってみても同じ結果が得られる。

(31) 　?これはにおいです。
(32) 　?これは三人です。

(31)(32)からわかるようにどちらも実質性が低いのである。寺村は形式名詞や時の名詞なども実質性の低い名詞として紹介していたが，形式名詞はまさに，内容を補充しないと成立しない名詞であり，外の関係との共通点が確

---

[5] これらは西山(2003)で言う，非飽和名詞という概念と共通点がある。「太郎の上司」における'上司'がそれで，単独では意味が完結せず'太郎の'というパラメータを要求するとされている。ここでは本稿の議論との類似性を指摘するにとどめておく。

認できる。形式名詞の定義を引用してみると「形式名詞：名詞の中で，実質的な意味を欠いているためその意味を補充する語句が上にないと用いられないもの」(池上 1971a: 193) とある。また，第 1 章の先行研究のところで見たように，数量詞を形式名詞や形式体言としていた研究もあり，そこから形式名詞と数量詞の類似性も確認できる。外の関係における底，N の QC 型の Q，形式名詞はすべて，実質性が低い点で共通している。それゆえに，内容を補充する修飾部を要求するのである。以後，外の関係と N の QC 型に絞って，それぞれの修飾部を見ていく。修飾部を見ていくに当たって，ここで仮説を提示する。

(33)　本章の仮説：N の QC 型は修飾部が底の内容を補充するという点において外の関係と同じ意味的構造を持っている

4.　考察

　(33) の仮説に基づいて，N の QC 型は外の関係と共通点があるという前提で本節の考察を進めていく。では，修飾部について見てみよう。タイプ 1 は N が固有名詞や代名詞で Q の内訳を説明するものであった。つまり，寺村 (1975) で言う，外の関係の意味解釈と類似しているのである。外の関係における修飾部の内容補充という解釈はタイプ 1 によく当てはまる。

(34)　<u>米内吉田山本</u>　の　<u>三人</u>
　　　　内容補充　　　　　底

2.4 で指摘したように，このタイプのほうがタイプ 2 よりすわりがよく，実例でも圧倒的に使用されているという状況は，(33) の仮説から説明ができる。このタイプも外の関係も，底が抽象的なものであり，修飾部がその内容を補充することを必要とするのである。では，使用例が非常に少なく，単独でもすわりの悪いタイプ 2 はどうだろうか。

(35) 　学生　　の　三人
　　　内容補充？　　底

タイプ2は，Nの部分に普通名詞がきて，三人に共通の属性を付与しているだけである。ここでは，NがQの内容を補充しているとは言い難い。つまり，底が抽象的であるという外の関係との共通点を持ちながら，修飾部は内容を補充するような情報ではない。この矛盾がすわりの悪さに関わっているのではないだろうか。ただし，2.2で指摘したように，ある集合からQを抜き出すような状況では，この形式が使えるようになった。これは内の関係の意味解釈を援用することで説明ができる。内の関係とは「比較的具体的な名詞を底とし他と区別するための修飾」であった。

(36=(16)) （学生三人，教員三人という集合で）学生の三人は，1000円だけでいいからね。

この状況というのは，(37)のように説明できる。(37)ではある要素と別の要素が存在しており，それぞれの要素は，'学生''教員'といった属性を持っているのである。

(37) 　要素1　学生三人　：　要素2　教員三人

ここでは，要素1を抜き出すことで，要素2から区別するという，内の関係的な意味解釈が可能になるのである。(36)の例で言うと，'学生'という属性を持った'三人'をある集合から抜き出している。つまり，'学生'と'教員'を区別していることになる。この区別するという解釈が読み込まれると，内の関係との類似性が生じ，日本語の連体修飾としてすわりがよくなるのではないだろうか。

　以上のように，抽象的な底Qを連体修飾するには，外の関係のように内容補充という解釈ができるタイプ1がすわりがよく，圧倒的に使用例も多い。

ただし,タイプ2のように,内容補充解釈ができなかったとしても,ある集合からQを抜き出す状況なら,使用が可能になる。つまり,内の関係のように,他と区別する解釈ができるような文脈を持ち込めば,タイプ2のNのQC型は成立するのである。ただ,タイプ2の使用率の低さは,デフォルト状態でNのQC型は外の関係と共通するという仮説を支持するものである。

5. 内・外の関係と制限・非制限的連体修飾

第2章で主張したのは,QのNC型は定名詞句であり,その修飾部分は非制限的連体修飾であるということである。本章ではNのQC型と外の関係の共通点を指摘した。ここでは,それらの連体修飾構造について少し触れておきたい。制限・非制限的連体修飾とは,底となる名詞の定解釈可能性によって決められるものであった。内・外の関係とは,その名の通り,底の名詞と連体修飾句との統語的・意味的関係によって決まるものである。よって互いに相関関係はないものと考えられる。

内の関係については,制限・非制限的連体修飾の対立があり得る。

(38)　<u>さんまを焼く男</u>は人気がある。　　　制限的連体修飾
　　　<u>さんまを焼く夏目漱石</u>を見かけた。　非制限的連体修飾

しかし,外の関係になるとこの対立が中和されるのではないだろうか。

(39)　<u>さんまを焼くにおい</u>がする。

'におい'という底の名詞だけでなく,外の関係で底として用いられる抽象名詞はすべて定解釈をすることが難しく,非制限的な解釈がしにくい。連体修飾構造に関しては,まだまだ興味深い点があるが本稿ではこれ以上関わらない。

6. 本章のまとめ

本章では，NのQC型に三つのタイプがあることを確認した。タイプ1はNが固有名詞などでQの内訳を説明するもの，タイプ2はNがQの属性的に解釈できるもの，タイプ3は定のNの部分数をQが表すものであった。タイプ1とタイプ2を中心に扱ったが，それぞれの底を内容補充したり，他と区別したりすることで成立しているという主張を行った。外の関係，内の関係というのは，その名前から統語的に分類されたものであるという印象が強いが，意味的にもはっきりとした区別があり，その違いをNのQC型の説明原理として使用した。

今回3.節以降で議論から外したタイプ3については'一'の問題として第8章で扱いたい。2.3で見たように，このタイプは実例がほとんど見つからないにも関わらず，数量詞を'一人'とすると例がたくさん見つかるのである。また，5.節で扱った連体修飾構造に関する問題は，今後の課題としたい。

第5章
名詞句内数量詞の位置と意味*

　本章では第2章，第3章，第4章で扱ってきたQのNC型・NQC型・NのQC型の共通点を指摘した上で，それぞれの比較を行う。すべてNとQが名詞句を形成するという共通点を持ちながら，どういった使い分けがなされているのかを明らかにするのが目的である。ここでは，集合物の均質性（同質か異質か）によって，それぞれの表現が使い分けられているという主張を行う。また，それらはカテゴリー認知の方法としても使われていることを指摘する。

1. 名詞句内数量詞

　ここでは名詞句内数量詞について定義をし，それらの共通点を述べた後，本章の目的を記す。ここまでにQのNC型・NQC型・NのQC型それぞれについて記述を進めてきた。ここで議論したいのは，それらを並べてみるとどういった違いが出てくるのかという点である。

1.1　名詞句内数量詞とは

　本章で扱う名詞句内数量詞とは，第2章・第3章・第4章で見てきたQのNC型・NQC型・NのQC型におけるQのことである。『日本語百科大事典』

＊　本章は岩田（2007b）「日本語'名詞句内数量詞'の位置と意味」の一部をもとにしている。

(1988)にある定番4形式を再掲すると，①②④のタイプが本章で扱う対象となる。

(1)　①　三人ノ学生ガ反対シタ　　　　　　（Q ノ NC 型）
　　　②　出席シタ学生ノ三人ガ反対シタ　　（N ノ QC 型）
　　　③　学生ガ三人反対シタ　　　　　　　（NCQ 型）
　　　④　学生三人ガ反対シタ　　　　　　　（NQC 型）

　これら三つのタイプはすべて，NとQが名詞句を形成するという共通点を持つので，それぞれのQを名詞句内数量詞と呼ぶ。また，名詞句内数量詞が用いられているQのNC型，NQC型，NのQC型をまとめて名詞句内数量詞用法と呼ぶ。Kim(1995)ではこれら三つのタイプをまとめて 'NP-internal Q' と呼んでいる。呼び名はどうであれ，この三つのタイプがすべて名詞句であるという共通点を持っているということをここで確認したい。
　名詞句を形成しているかどうかのチェックのために助詞を付加してみると，①②④の三つはどれも助詞が接続できるが，③タイプはそうではない。ただし，第4章で詳しく見たように②タイプのNのQC型は，実際には「須田と山本と岩田の三人（「須田，山本，岩田の三人／須田山本岩田の三人」と表記されることもある）」といった，Nの内訳を説明する形式が一般的であり，「学生の（中の）三人」のように，部分数を表す用法には制限があるので，例文を少し変える。また，例文を平仮名に直す。

(2)　①　三人の学生が／を　　　　　　　　（Q の NC 型）
　　　②　須田と山本と岩田の三人が／を　　（N の QC 型）
　　　③　*学生が三人が／を　　　　　　　（NCQ 型）
　　　④　学生三人が／を　　　　　　　　　（NQC 型）

　神尾(1977)では，「学生が三人」のようなNCQ型も名詞句の場合があるという指摘をしている。

(3)　　私は年賀葉書を二百枚と大きなゴム印（と）を注文した
(4)　　学生が三人と一人の教師（と）がつかまった　　　　　　　（神尾 1977）

これらの例文を見ると，確かに並立助詞で名詞（句）と並列した使用が可能であり，NCQ 型も名詞句を形成していると言えるかもしれない。しかし，これらの用法は並立助詞が付加可能でも，ガ格・ヲ格は使用できない。よって，本稿で扱う他の名詞句内数量詞用法と同一には扱わない。本稿で扱う用法は，特に助詞に制限を受けないものだけとする。

(3′) ??私は年賀葉書を二百枚を注文した
(4′) ??学生が三人がつかまった

1.2　名詞句内数量詞用法の共通点と本章の目的

　1.1 で見たように，助詞が付加できるかどうかで名詞句内数量詞の共通点は明らかであったが，以下のように連体修飾をしてみると，更に共通点が明らかになる。Q が N の全体数か部分数かという違いが出てくるのである。

(5)　　① 昨日会った三人の学生を招待した（Q の NC 型）
　　　　　→ 昨日会った学生 ＝ 三人
　　　② 昨日会った須田と山本と岩田の三人を招待した（N の QC 型）
　　　　　→ 昨日会った学生 ＝ 三人
　　　③ 昨日会った学生を三人招待した（NCQ 型）
　　　　　→ 昨日会った学生 ≧ 三人
　　　④ 昨日会った学生三人を招待した（NQC 型）
　　　　　→ 昨日会った学生 ＝ 三人

①タイプが名詞句「昨日会った学生」の全体数を表すのに対し，③タイプが，名詞句「昨日会った学生」の部分数を表すということは井上（1978）ですでに指摘されているが，ここで確認したいのはその他のタイプである。②

タイプにおいても④タイプにおいても名詞句の全体数を表すことが確認できる。③タイプのように部分数を表すことはない。これらの点からも，名詞句内数量詞用法の共通点は明らかである。第2章で述べたことであるが，QのNC型がNの全体数を表すという事実は，一定の数を持つ集合物を仮定することで説明ができた。つまり，QのNC型の議論で使用した集合物認知という概念は，NQC型，NのQC型にも適用できるということになる。第2章で提示した図2を再掲するが，NCQ型との比較をするわけではないので，本章の以後の議論では時間軸は考慮せずに図を使用したい。

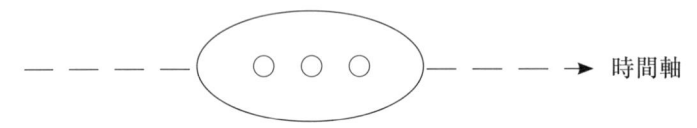

——————○○○——————→ 時間軸

図1　名詞句内数量詞用法の共通イメージスキーマ

ここまでで名詞句内数量詞用法の共通点を確認したが，それでは，その三つのタイプにおける意味の違いはどこにあるのだろうか。これら三つのタイプの違いに関して統一的に説明を試みるのが本章の目的である。

　本章の目的：3タイプある名詞句内数量詞の位置と意味の関係を明らかにする

2. 先行研究

本章で扱う三つのタイプをすべて取り上げている先行研究にKim(1995)，Downing(1996)があり，どちらもコーパスデータからそれぞれのタイプの特徴を記述している。どちらも，様々な数量詞の形式を網羅的に記述しているが，名詞句内数量詞用法だけでなくNCQ型も含めてすべてを扱っており，名詞句内数量詞用法のみに焦点を当ててその意味の違いを記述しているわけではない。ここではより細かく記述をしているDowning(1996)を簡単に紹介する。細かい内容は，第2章・第3章・第4章で論じているので，ここで

はおおまかに名詞句内数量詞用法における意味の違いを指摘している部分に絞って内容をまとめる。

　まず，NQC 型の N が individual referents を表すのに対して，Q の NC 型の N は category を表すという指摘をして，以下のような例文をあげている。

(6)　＊二人の彼らが来た。
(7)　　彼ら二人が来た。　　　　　　（Downing 1996：原典はローマ字表記）

ここで言う category とは普通名詞のことで，'二人の学生' などというときは，N の部分が category を表しているが，'彼ら' というような individual referents を表す場合は，NQC 型が使われるという指摘をしている。更に，NQC 型は，individual referents で repeated information を表すことが圧倒的に多いという指摘もしている。(7)では，'彼ら' という代名詞が使われていることからも明らかなように，新情報ではなくすでに導入されている情報を表すのが NQC 型であるという指摘である。この例などをもとにして，NQC 型は Q に際立ちを与えない用法であるという指摘もしている（第 3 章参照）。

　N の QC 型についても，NQC 型と同じように individual referents で repeated information を表すとしているが，N の表示の仕方が違うとして，以下のような例をあげている。

(8)　　彼女と妹のかえこの二人は，…（Downing 1996：原典はローマ字表記）

N の QC 型がこのように N の内容を列挙するタイプであることについては本稿第 4 章でも同様の指摘をしている。

　以上非常に大雑把にまとめてみたが，Downing (1996) では他にもたくさんの細かい指摘をそれぞれのタイプについて行っている。本章でも議論に関わる部分は，適宜紹介したい。一連の指摘は非常に興味深いものであるが，小説中心のコーパスデータを利用しており，収集された例に偏りがあるのは否めない。また，それぞれの形式を個別に指摘しているのみで，名詞句内数量

詞用法に統一的な説明を与えるのがその目的ではない。そもそも，名詞句内数量詞用法は，三つものタイプを使い分けることで何を言い分けようとしているのだろうか。本稿では，名詞句内数量詞用法に統一的な説明を加えるに当たり，NとQの修飾関係に注目する。

3. 考察

3.1 名詞句内数量詞用法の修飾関係

　本章で扱う三つのタイプを並べてみると，一番に気が付くのは，それぞれの修飾関係が違うということである。QのNC型については底がNであり，NのQC型については底がQであり，それぞれはっきりしている。つまり，Nを中心にするか，Qを中心にするかという違いである。NQC型については，他の二つほど修飾関係がはっきりしているわけではないが，第3章で述べたようにQを重点にして意味解釈をするタイプである。

(9)　　三人ノ 学生 ガ　　　　　（QのNC型）　…Nが底
　　　出席シタ学生ノ 三人 ガ　　（NのQC型）　…Qが底
　　　学生三人ガ　　　　　　　　（NQC型）　　…底は不明だがQが重点

　第3章4.節で詳しく論じたように，NとQは名詞の実質性において大きく異なる。Qというのは時の名詞や形式名詞と同様に実質性の低い名詞であった。よって，実質性の低いQを底にするNのQC型やQを重点として解釈するNQC型というのは不安定になる。第3章であげた例にNのQC型も加えて再掲する。

(10)　「三匹の子豚」「二人のロッテ」「七人の侍」「白雪姫と七人の小人」
(10′) ?「子豚三匹」「ロッテ二人」「侍七人」「白雪姫と小人七人」
(10″) ?「子豚の三匹」「ロッテの二人」「侍の七人」「白雪姫と小人の七人」

これらの不安定さを解消するための文脈を探るのが第3章, 第4章での目的であった。これまでの議論を踏まえた上で, これらの意味の違いは何か, そして, それらの違いは修飾関係という構造からすべて説明できるということを以下に述べていく。

3.2 QのNC型とNQC型

説明の便宜上QのNC型とNQC型の違いから始める。第3章で見た通り, これらのタイプの違いは, 意味の重点をどこに置くかというところであった。3.1でも見た通り, 修飾関係がはっきりとして, Nを底としているQのNC型に対して, NQC型は修飾関係がわかりにくいが, Qを重点にするというものであった。意味の重点はどこかという議論において名詞句だけを抜き出した例はかなりうまく説明できた。

(11)　中国語助数詞の解説
　　　～个 (ge)　一个面包　　（パン1個）
　　　～杯 (bei)　両杯咖啡　　（コーヒー2杯）
(12)　（缶の絵を見せながら）「これはジュースの缶です。何と数えますか？」
　　　「缶ジュース1本」

どちらも第3章であげた例なので, 詳しくは説明しないが, 重点をQにおいた文脈だとこれらのタイプが使用可能になった。しかし, 重点がどちらかというだけでは, QのNC型とNQC型の違いをはっきり説明したとは言えない。「三人の学生」と「学生三人」では重点が違うというだけで, 指示している集合物自体は同じものである。ここからは, これら二つのタイプの違いがはっきり出てくる例をもう少し見たい。

意味の違いが出る例としてDowning(1996)が以下のような例をあげている。そこでは, (13)のようにNQC型だと「太郎と仲間」という読みができるが, QのNC型にすると, 「すべて太郎」という読みになるという指摘をしている。

(13) 太郎たち5人が入ってきた。
(13') 5人の太郎たちが入ってきた。

確かに、「太郎たち5人」だと、「太郎・次郎・三郎・四郎・五郎」といった可能性があるが、「5人の太郎たち」というと「太郎・太郎・太郎・太郎・太郎」といった読みしか許容されなくなる。'太郎'という名前は一昔前は一般的な名前だったので、同じ名前の人が5人いるという可能性も許容されるが、「5人の風志たち」というと、許容度が落ちる。これは同じ名前の人が5人もいるという状況が想定できないからであろう。なお、'○○たち'に使われている日本語の複数接尾辞'たち'は普通名詞に付加されるなら「すべて○○」読みでも、「○○と仲間」読みでも問題なく可能である。「お母さんたちが来た」という例でも、「すべてお母さん」読みと「お母さんと仲間」読みとどちらも許容される。

　加藤(2006)では「○○と仲間」読み・「すべて○○」読みをそれぞれ、類数・複数と呼び分けて、固有名詞のときには類数を表すとしている。本稿でも加藤の指摘に従い、固有名詞の場合は基本的に類数を表すという立場で議論を進める。ただし、付加する数量詞の位置を変えることで、どちらかの読みが優先されるというDowningの指摘については本稿も同じ立場である。つまり、同質性、異質性が両形式の使い分けに関わっているのではないかというのが本章での主張になる。

3.2.1　固有名詞とその他からなる集合物

　実際に同質か異質かという観点からQのNC型とNQC型の使い分けを説明できる例は多い。(13)の例で見たように固有名詞が使われる場合は、固有名詞とその他からなる集合を表す。

(14) その頃になるとたいていの者はこの榎の大木に登れるようになっていたが、体の小さなヨシツグとか四郎など七、八人がまだ努力中だった。

(手)

(15) 拉致被害者の蓮池薫さん(45)ら5人が参加し，…　　　（朝03.5.8）
(16) …ロンドンからイラクに帰国したばかりのイスラム教シーア派の反体制指導者アブドルマジド・アルホエイ氏ら2人が10日，故郷のイラク南部ナジャフのモスクで武装グループに襲われ，刺殺された。
　　　　　　　　　　　　　　　　　　　　　　　　　　（朝03.4.11）

　(13)のように「太郎たち」だと，太郎が複数いるという可能性も想定できたが，これらの例のように氏名が明示されている場合は，なかなか同姓同名の人がたくさんいるという想定ができず，QのNC型にはできない。

(15′) *5人の蓮池薫さん(45)らが参加し，…

　ここまで固有名詞の例を扱ってきたが，普通名詞でも同様のことが言える。ただし，固有名詞に比べると「N＋その他」の解釈が弱くなる。つまり，'すべてN'という解釈がなされる可能性がやや高くなる。

(17) 先生たち5人が入ってきた。（先生とその他 or すべて先生）
(17′) 5人の先生たちが入ってきた。（すべて先生）

　QのNC型は「すべて先生」という同質な集合物を表す点は固有名詞と同じであるが，NQC型は同質でも異質でもどちらでも表せるのではないだろうか。ここで注意したいのは，解釈は状況や我々の経験に依存していることである。

(18) 学生たち五人が入ってきた。

　これは「すべて学生」という解釈が優先されるだろう。学生は連れ立って歩いていることが多いといった我々の経験があり，「代表＋その他」という解釈がしにくい。同一の文でもどちらの解釈をしているかが文脈によって変わる。

(19) （事務所内で銃撃戦を行った後）組員ら5人が逮捕された。
                                                          同質な集合物
(20) （弁護士と結託して企業をゆすった後）組員ら5人が逮捕された。
                                                          異質な集合物

以上で見てきたように，QのNC型は同質な集合物しか表さないが，NQC型は，固有名詞がNに来ると異質な集合物だけを表すが，普通名詞の場合は経験や文脈によりどちらにもなることを見てきた。つまり，NQC型は状況が許せば「N＋その他」からなる異質な集合物を表すことも可能である。

3.2.2 様々な構成要素からなる集合物

また，様々な構成要素からなる集合物を表す場合も，NQC型が優先的に使われる。

(21) 部会は矢崎義雄国立国際医療センター総長が部会長を務め，産婦人科医や法学者，カウンセラーら20人が… 　　　　　　　（朝03.4.11）
(22) でもその（日本画の）存在を「問題」とし，研究者や学芸員，画家ら計24人が2日間論じ合うシンポジウム「転移する日本画」が横浜市で開かれた。　　　　　　　　　　　　　　　　　　　　（朝03.4.8）
(23) 工場内にいた32歳と36歳の男性2人が煙を吸って病院に運ばれたが，軽症という。　　　　　　　　　　　　　　　　（朝03.4.10）

これらはNQC型で表されることが多いが，QのNC型に絶対変形することができないというわけではない。

(21′) #部会は矢崎義雄国立国際医療センター総長が部会長を務め，20人の産婦人科医や法学者，カウンセラーらが…

この場合，'20人の'がどこまでにかかっているのかわからない。もとの文

と同じ解釈がされるとは限らないこともあり，実際に使われている実例はNQC型で表されている。ここではその傾向だけを指摘しておく。「三人の学生」「学生三人」というときは，どちらも同質なメンバーからなる集合物であった。そこでは，重点はどちらかという使い分けが行われていた。それに加えて，3.2.1, 3.2.2で見てきた例をまとめるとQのNC型は同質なものだけを表すが，NQC型は同質なものも異質なものも表すということになる。

3.3 NのQC型

　ここでは，NのQC型について論じる。詳しくは第4章で論じた通りだが，ほとんどの例が(24)(25)のようにQの要素としてNを列挙して提示するものであった。第4章では'Qの内訳をNが表すタイプ'という呼び方をしたもので，その例文を再掲する。

(24)　それから<u>米内吉田山本の三人は</u>一緒に朝粥を食って話をした。
(25)　<u>彼女と妹のかえこの二人は</u>，その土地を元手に食べているのです。

このタイプを用いれば，全く異なった要素からなる集合物をも表すことができる。例えば，教員と会社員と学生からなる集合物を指して，「先生と山下さんと山本の三人」という言い方が可能である。また「須田と山本と岩田の三人」が三人とも学生であったとしても，その個人個人を個体として取り上げており，集合物自体を異質化して捉えているということになる。よって，このタイプは積極的に集合物の異質性を表すということができるだろう。

(26a)　　須田と山本と岩田の三人
(26b)　　?学生の三人
(27a)　　えんぴつとボールペンとマーカーの3本
(27b)　　?ペンの3本

これは第4章で扱った例文であるが，このように同質なものの集合よりも，

異質なものの集合の方がすわりがよくなることからも積極的に異質性を表すという指摘が支持される。

3.4 仮説

3.2, 3.3での指摘をもとに，本章では集合物の均質性（同質か異質か）が名詞句内数量詞用法の違いを説明する原理になると主張し，以下の仮説を立てる。

(28) 本章の仮説：名詞句内数量詞用法において，集合物の均質性（同質か異質か）がそれぞれのタイプの使い分けに関わっている

そもそもこの仮説にあるような違いが出てくるのはどうしてだろうか。ここでは，名詞句内数量詞用法3タイプの違いを修飾関係に着目して説明したい。説明は，これまでに立てた仮説をもとにして行う。3.1で説明したように，QのNC型はNが底となっていた。それに対してNQC型は修飾関係はわからないが，Qを重点としていた（第3章参照）。第3章4.節で論じたように，Qというのは実質性の低い名詞であった。QのNC型のように実質性の高いNを底にすると，指示対象が狭まり，Nが指示する対象と同じものしか許容できなくなる。ここではNを質的情報と呼ぶ。それに対してQを重点としているNQC型は，実質性の低いQが重点になることで，指示対象は広くなる。つまり，Qのカテゴリーに入るものであれば，何でも許容できるようになる。ここではQを数・カテゴリー情報と呼ぶ。

(29)　学生たち 三人 →とにかく三人である→数・カテゴリー情報重視→異質性の許容
　　　　三人の 学生たち →とにかく学生である→質的情報が底→同質性の要求

（※「三人」の上に「重点」と付記）

(29)のように，数・カテゴリー情報を重点とするNQC型は，とにかく三人

であればNは何でもいいという解釈が可能になり，同質な集合物も異質な集合物も許容するのである。一方QのNC型は，質的情報に重点を置くことで，同質性しか許容しないのである。更にNのQC型になると，Qが底となっており，NQC型よりもはっきりとQに重点が置かれることがわかる。

(30)　須田と山本と岩田の 三人 →数・カテゴリー情報が底→積極的に異質性を要求

NQC型よりはっきりと明示的にQに重点が置かれることにより，積極的に異質性を要求するようになるのである。これは3.3で見た通りである。

3.5　考察のまとめ

ここまで，数量詞の名詞句内数量詞用法3タイプについて考察した。それぞれの意味の違いはどこからくるのかを，3タイプの修飾関係に着目して一貫した説明を加えた。まとめると以下の図のようになる。

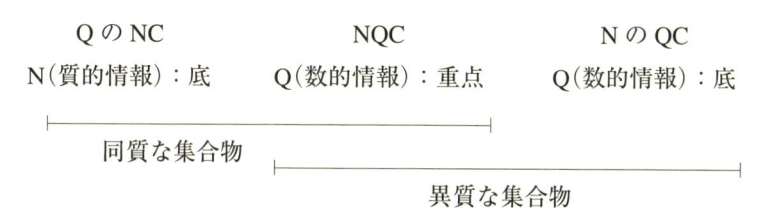

```
    QのNC              NQC                NのQC
N（質的情報）：底   Q（数的情報）：重点   Q（数的情報）：底
   |―――――同質な集合物―――――|
              |―――――異質な集合物―――――|
```

図2　名詞句内数量詞用法の使い分け

日本語数量詞の名詞句内数量詞用法はQとNの位置を変化させることで，集合物の構成要素間における均質性（同質か異質か）を調節しているというのが主張である。NQC型は同質なものも異質なものもどちらも表すことができるが，QのNC型は同質なもののみ，NのQC型は主に異質なものを指示する。

4. 表現の使い分け

　名詞句内数量詞用法を使えば，図3のような異なった集団（学生のみの集団，先生と学生の集団，先生と会社員と学生の集団）を区別して表現することができる。本章で見てきたように，集合物が，同質なものからなるか異質なものからなるかという違いをこれらの数量表現を用いることで区別することができるのである。同質な場合は，QのNC型もNQC型も使用が可能であったが，繰り返し述べてきたように，これらは重点をどちらに置くかということで，使い分けがなされていた。

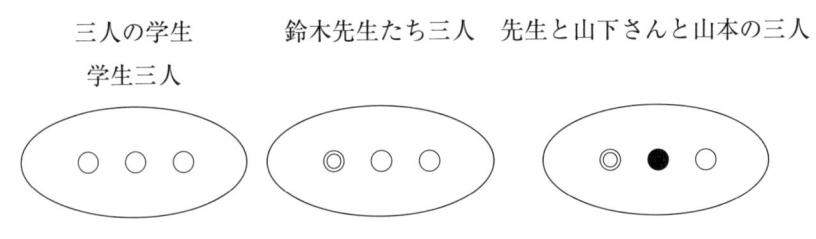

　　　　三人の学生　　　　鈴木先生たち三人　　先生と山下さんと山本の三人
　　　　　学生三人

図3　名詞句内数量詞用法による異なった集団の区別

　また，これらは同じ集合物を異なった表現で言い分けることも可能であり，認識の仕方を反映しながら，集合物を違った角度から区別するのである。図4の例のように，すべてが学生である集合物を，「三人の学生／学生三人」「山本たち三人」「須田と山本と岩田の三人」というふうに呼び分けることも可能である。ここでは，同質と捉えるか，異質と捉えるかという認識主体の捉え方が言語表現に反映されていると言える。この使い分けはカテゴリー認知の方法を表していると言えるだろう。この場合も，同質だと捉えている場合は，QのNC型もNQC型も両方使用が可能であり，重点をどちらに置くかによって使い分けができる。

三人の学生　　　　山本たち三人　　　須田と山本と岩田の三人
　　　　学生三人

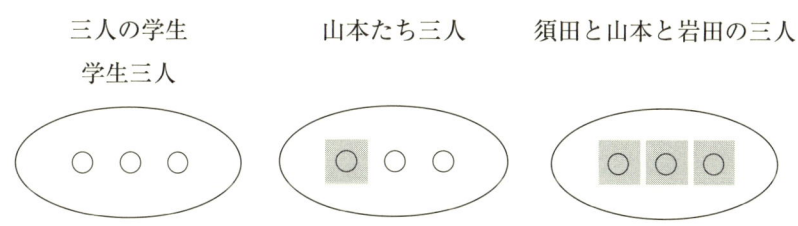

図4　名詞句内数量詞用法による同じ集団の捉え方の区別

5. 本章のまとめ

　本章で主張した内容は名詞句内数量詞用法において，集合物の均質性（同質か異質か）がそれぞれのタイプの使い分けに関わっているというものであった[1]。日本語数量表現の名詞句内数量詞用法を使い分けることで，集合物を同質であると捉えたり，異質であると捉えたりすることができると指摘した。集合物を同質であると捉えたり，異質であると捉えたりするのは，言い換えれば，カテゴリーの共通性を認識したり，個別性を認識したりする操作である。これに関しては坂原（2006）が興味深い指摘をしている。

　坂原はトートロジの例をあげて，カテゴリーの再構成について述べている。

(31)　「ワインはワインだ」（同質化）
(32)　「赤ワインは赤ワインだ」（異質化）

お客が赤ワインを注文した際，ウェイターが赤ワインと白ワインを間違って持ってきたという状況を設定する。そのときに間違いを指摘されたウェイ

---

[1] 集合物が同質か異質かによって異なる言語表現を使う例は他言語にも見られる。「ラオスのブノン語では『私』『私たち2人』『均質な私たち』『均質でない私たち』を区別する」（アジェージュ 1982: 125）や「オーストラリアのラルディル語とアランダ語では『私たち2人』と『君たち2人』と言うとき，その2人が対等の世代に属しているか，それとも父系親族関係にあるかによって，異なる形を使い分ける」（同 : 134）とある。どちらも短い記述で具体例などは示されていないが，他言語でも均質性が言語に関わるという一例である。

ターが (31) のように言ったとしたら，赤でも白でも同じであると言っていることになり，そこにはカテゴリーの同質化作用がある。また，そのウェイターに対して客が (32) のように言ったら，赤と白は違うと指摘していることになり，カテゴリーの異質化作用がある。これらの例をもとに，坂原はカテゴリーは共通性の認識と，個別性の認識を恒常的に再構成しているという主張を行っている。

　カテゴリーの共通性認識と個別性認識が人間のカテゴリー化に関わる認知操作を背景としているならば，本章で用いた集合物の均質性（同質か異質か）という説明原理は，アドホックなものではないと言えるであろう。

第6章

述部型・デ格型数量表現＊

　本章では，ここまで論じてきた数量表現形式を振り返って，新たに述部型とデ格型の数量表現を提示する。ここまでNCQ型に対しては焦点化，QのNC型に対しては全体性・集合性といった概念で説明を行ってきた。しかし実際の口頭コミュニケーション場面を想定して考察すると，述部型，デ格型の数量表現が重要になってくることを指摘する。

1. 本章の目的と分析対象

　第1章で紹介した『日本語百科大事典』やKim(1995)[1]，Downing(1996)など，数量表現の諸形式を扱ったものはすべて，NCQ型，QのNC型，NQC型，NのQC型という4形式を対象にしていた。これら定番4形式に関する議論は，形式が先にあってそこから議論がスタートする限り，他の形式が議論に加わることは難しい。そこで本章では，第5章までに議論してきた定番4形式以外に，どんな形式があるのか議論してみたい。具体的には定番4形式の中でも特に研究が多いNCQ型とQのNC型の議論を出発点とする。NCQ型は基本形でQを焦点化したものであるという説明をした（第1章）。

＊　本章は岩田 (2011)「数量表現における初級教材の「傾き」と使用実態」のデータ部分を利用し，議論を組み直したものである。

1　Kim (1995) では，実際には8形式を対象としているが，本稿で言う定番4形式の派生形を別形式としているだけであり，本章で扱う述部型，デ格型を扱っているわけではない。

またQのNC型には，全体性・集合性という意味・機能があることを指摘した（第2章）。本章では，この焦点化，全体性・集合性といった概念から出発し，実際に使われている形式を記述したい。データには実際の会話場面を用いる。この方法で定番4形式以外にも重要な形式があることを指摘する。

　本章の目的：実際の口頭コミュニケーション場面では，数量の焦点化，全体性・集合性を伝えるためにどのような形式が使われているのか考察する

1.1　数量を焦点化するための形式：述部型

　第1章では，NCQ型を無標の数量伝達形式と位置付けた。そこで紹介した高見（1998a・b・c）では情報構造上，動詞の直前にくる要素が文中で最も重要な要素になると指摘して，数量表現の分析を行っている。具体例をここに提示してみる。

(1)　A　太郎はりんごを何個食べたの？
　　 B　太郎はりんごを3個食べたよ／3個，太郎はりんごを食べたよ／＊太郎はりんごを食べたよ，3個。

これはあくまで，数量詞の位置がどこにくるべきかを議論しているもので，コミュニケーションの自然さを議論したものではない。あえてその意図を理解した上でも，実際の会話で「太郎はりんごを何個食べたの？」と聞かれたら，「3個よ」と答えるのが普通で，わざわざ「太郎はりんごを3個食べたよ」などという答えは情報の無駄が多すぎるのではないか。この研究は，「NCQ型とはどういうものか？」という形式からスタートしたものなので，こういう議論になることは仕方がないことではある。そこで一歩踏み込んで，「数量を焦点化するときにはどんな形式が使われるか？」と考えてみると，「3個よ」「5人です」「3匹」という数量詞を述部に使う形式が浮かび上がってくるのではないだろうか。これらが本章で扱う述部型数量表現である。

(2) A　太郎はりんごを何個食べたの？
　　B　<u>3 個（です）</u>よ。　　　　　　　　述部型数量表現

この形式は，シンプルに数量を伝えることができる形式である。なお，実際の会話では「(犬を) 3 匹見た」という意味で「3 匹」と発話される可能性もあるが，便宜上数量詞だけで言い切っている形式（「3 匹」）は述部型数量表現として扱っている。

1.2　ある数量が全体性・集合性を持つことを示す形式：デ格型

全体性・集合性を持つ数量を考えるに当たって，人間が集団で活動する状況を想定したい。子供の運動会で綱引きや百足競走について説明を求められたらどう表現するだろうか。

(3a)　　<u>15 人の子供が</u>綱を引くのよ。
(3b)　　<u>15 人の子供が</u>足をつないで走るのよ。

これらは以下のように，デ格を使って伝えることもできるのではないだろうか。そもそも数量詞など使わずに「みんなで綱を引くのよ」「みんなで足をつないで走るのよ」という言い方が一番自然なのは言うまでもないが，数量詞を使うとしたらという前提で考えると，デ格でも同じ意味を伝えることができる。

(4a)　　<u>子供が 15 人で</u>綱を引くのよ。
(4b)　　<u>子供が 15 人で</u>足をつないで走るのよ。

集団生活をしている場面はどうだろうか。以下も同様にデ格型が可能である。

(5)　　ここは<u>10 人の研修生が</u>暮らしている。

(5′)　ここは研修生が10人で暮らしている。

　これらデ格を用いて数量の全体性・集合性を表す形式が，本章で扱うデ格型数量表現である。

2. コーパス分析

　ここまで，数量を伝達する際，必ずしも NCQ 型，Q の NC 型を使っているわけではないということで，述部型，デ格型を提案した。そこで，実際にこういった形式がどの程度使われているかを見るために，会話コーパスを用いて分析したい。

2.1　使用コーパス

　使用するのは『名大会話コーパス[2]』（以下，名大会話）で，2名から4名の話者による約 100 時間の雑談を収録，文字化している。雑談のため，対話形式でコミュニケーションが展開していく。会話は大半が親しいもの同士で，参加者は女性 161 名，男性 37 名である。

　数量表現を抜き出す際，テキスト検索・置換ソフト Devas[3] を用いて正規表現による例文収集を行った[4]。その際，漢数字の表記もカバーできるように配

---

[2] 平成 13 年から 15 年までの科学研究費補助金を受けて開発されたコーパス。研究課題は「日本語学習辞書編纂に向けた電子化コーパス利用によるコロケーション研究」で研究代表者大曾美惠子氏によるプロジェクト。会話参加者に関する詳細などは，http://tell.fll.purdue.edu/chakoshi/meidai-chuui.html に記されている。

[3] Devas については本章の最後に解説を載せている。

[4] 本章のデータは岩田（2011）で用いたデータを利用しています。ところが本稿の出版直前になって，用いていたコーパスの一部が欠損していることに気づきました。具体的に本章では，『名大会話コーパス』129data（100 時間分）中，data1-77（59 時間分）だけを使用していることになります。均衡コーパスではないため，データが少なくなっても議論に大きな変化はないものと考えてはおります。ただ，再検証すれば出現数が違ってくることは確かで，ここにお詫び申し上げます。

慮した。また助数詞'人''つ'に関しては，「ひとり，ふたり，さんにん…」「ひとつ，ふたつ，みっつ…」といった平仮名表記をされている場合もあり，それらも別に検索した。

表1　正規表現の例

- [0123456789一二三四五六七八九十百千万][助数詞]
- ひとり|ふたり|さんにん|よにん|ごにん|ろくにん|ななにん|しちにん|はちにん|きゅうにん|くにん|じゅうにん

検索対象とした助数詞は，以下の24種である。選定基準は，Downing (1996)で行ったアンケート調査をもとにしている。アンケート調査では国立国語研究所による新聞の語彙調査をもとに154種類の助数詞をリストアップした上で，日本人インフォーマント15人を対象に，その使用について質問している。論文ではインフォーマントすべてが「使う」と答えた27種類「人，つ，本，匹，枚，台，個，冊，隻，棟，頭，株，軒，機，名，食，足，艘，粒，通，件，句，曲，問，点，滴，通[とおり]」(Downing 1996: 19)を公開している。その27種類の中には，抽象的なもの（件，句，曲，問，点）やそもそも文中で数量詞と名詞と共起しにくいもの（滴，通[とおり]）の7種類が含まれている。これらの助数詞は，数量表現の形式に偏りが予想されるため対象から削除した。残った20種に，岩田（2011）で行った教科書分析の結果を踏まえ，日本語の初級教材に掲載されている助数詞リストから4種類「杯，部，羽，錠」を追加したのがこの24種である。

(6)　対象となった助数詞（24種類）
　　　人，つ，本，匹，枚，台，個，冊，隻，棟，頭，株，
　　　軒，機，名，食，足，艘，粒，通，杯，部，羽，錠

これらの助数詞の出現数を表2に記しておく。半数以上は'人'であり，以下の14種類「匹，台，隻，棟，頭，株，機，食，足，艘，粒，部，羽，錠」は，59時間の雑談をデータにしても出現頻度が10回に満たない。日本語の

助数詞使用においてバリエーションが減ってきているという指摘（飯田 2005 など）をこのデータは支持している。ここでは会話における話し言葉をデータとしているが，文学や新聞をデータとして更なる分析を第9章で行いたい。

表2　各助数詞の出現数と割合（％：小数点第2位で四捨五入）

人	898	52.2%	軒	17	1.0%
つ	393	22.8%	機	0	0.0%
本	42	2.4%	名	11	0.6%
匹	6	0.3%	食	6	0.3%
枚	105	6.1%	足	0	0.0%
台	9	0.5%	艘	0	0.0%
個	167	9.7%	粒	4	0.2%
冊	28	1.6%	通	10	0.6%
隻	0	0.0%	杯	10	0.6%
棟	1	0.1%	部	6	0.3%
頭	6	0.3%	羽	1	0.1%
株	0	0.0%	錠	0	0.0%
			合計	1720	100.0%

2.2　分析結果

収集した用例を数量詞の形式別に分類したのが表3である。この表では，本章で扱う形式のみを取り上げているが，NCQ型については更に細かく分類している。「学生が三人反対した」というNCQ型のうち，数量詞が前に置かれているもの（「三人学生が反対した」）は別にカウントして'QNC'として括弧内に表示し，NCQ型のNCが省略されているもの（「三人反対した」）は別の枠に'(NC)Q'として表示している。これは今後の議論で重要になってくるためである。さらに，数詞は'二'以上で例文を収集した。これは第8章で述べるように，'一'のときは他の数字よりも様々な点で振る舞いが異なり，形式に偏りが出る可能性があるためである。実際に第9章ではその振る舞いの違いについてデータを示しているので，それを参照されたい。総数は925

例で、'その他'の多さが目立つ。'その他'には様々なものが含まれている[5]ので数字が大きくなっているが、単独では述部型、デ格型、(NC)Qがトップ3である。

表3　形式別数量表現(数詞'二'以上)の出現数と割合(％：小数点第2位で四捨五入)

	出現数	全体に占める割合　％
NCQ(QNC[26例]含む)型	103	11.1%
(NC)Q	130	14.1%
QのNC型	15	1.6%
述部型	165	17.8%
デ格型	149	16.1%
その他	363	39.2%
合計	925	100.0%

この結果から、述部型やデ格型はNCQ型やQのNC型よりも出現数が多いということがわかる。つまりこれらは、実際の対話(口頭コミュニケーション)でよく使われている形式であると言える。また、QのNC型が非常に少数しか出現していないということ、NCQ型よりもNCを省略した(NC)Qの方が出現数が多いこともここで確認しておきたい。

これまで各形式を量的に分析したものにKim(1995)、Downing(1996)があるが、前者はQのNC型が全体の45.8%、後者は47%であると指摘しており、この表と大きな隔たりがある。話し言葉と小説を扱ったとしているDowning(1996)のデータをここに提示する。この研究では使用する数量詞データ500例の半数を自分で録音した話し言葉から、残りを小説から取っているとしている。しかし、数量表現の定番4形式を議論するに当たり、'unambiguous examples' 226例に絞り込みをかけて分析対象としている。

---

[5] 「二人乗り、二人家族、二人連れ」などの複合語、「五人の家族」のような集合体の属性を表すもの(岩田 2008)、代名詞的用法(第7章)、「二つに分ける」のような名詞として数概念そのものを指すものなど、いろいろなものが含まれる。出現が少数であったため、NQC型、NのQC型(NのQが述部に来ているものも含む)もここに入れている。

表4　先行研究で示された出現数 (Downing 1996：割合は筆者が計算したもの)

数量表現形式	出現数
Q の NC 型	106 (47%)
NCQ 型	96 (42%)
その他 (NQC 型, N の QC 型)	24 (11%)
計	226

　この先行研究は，たびたび紹介しているが，会話と小説の割合が示されておらず，紹介している例文は小説のものばかりである。'unambiguous examples' に絞るとなると，会話データは採用されにくいという予測も立つため，小説の割合が高くかなり書き言葉に特化していると考えられる。先行研究が書き言葉に特化していたことに加え，述部型やデ格型，その他などを排除して計算していることが本章のデータとの違いが生じた原因であると思われる。

3.　考察

　データから，述部型やデ格型が多いこと，Q の NC 型が少ないこと，NCQ 型は NC が省略されることを指摘した。これらの現象は，「コミュニケーション場面では既知の名詞 (N) は言わないことが多い」と考えると，統一的に説明ができる。「三人のアメリカ人が住んでいる」という内容を伝達する場面を想定してみる。2 者や 3 者が会話をしているとき，突然「三人のアメリカ人が住んでいるのよ」などという発話で談話が始まるということは考えられない。先行文脈で，「近所にアメリカ人が越してきた」とか，「新しいアシスタントティーチャーが来た」というような話題があるわけで，'アメリカ人'という名詞は，すでに文脈で共有されていることが多い。つまり'アメリカ人'と言わずに，数量だけ伝えたいなら，「三人で住んでいるのよ (デ格型)」とか，「三人よ (述部型)」「三人いるのよ ((NC)Q)」という名詞を避ける形式が使われることになる。それに対して Q の NC 型を使おうとすると，「三人のアメリカ人」のように，N を必ず表現せねばならなくなる。結果的に，名詞を言わずにコミュニケーションを続けるには，Q の NC 型が避けら

れることになる。なお，口頭コミュニケーションでは既知の名詞が表示されないということは岩田 (2012) の分析でも主張している。そこでは使役がテーマであるが，被使役者の 71% は同じ節内に表示されないことを指摘している。つまり，使役においても文脈上わかりきった名詞は言わずにコミュニケーションを行っているということである。

　ここからは，具体的に例を示して名詞の非表示について考えたい。(data + 数字) で記されているのは，名大会話におけるデータの所在地である。

(7)　だからそこもやっぱりツインじゃなくてファミリールームで4人とらま，泊まれるんだけど。　［(NC)Q］　　　　　　　(data001)

　この例はホテルについて話している。こういったホテルの部屋の定員の話題は，そもそも名詞を言うことはできない。'人間が'や'客が'を補ってもかまわないが，冗長な感じがするし，ホテルに人間以外の定員があるとは思えないからである。この例は，一般的知識から名詞が明らかな状況である。「ファミリールーム (の定員) は 4 人なんだけど」と言えば述部型になり，特にこれは (NC)Q に限ったことではない。

(8)　（炭疽菌の感染者について話している）
　　　A：2人ぐらい，2人か3人死んだよね。し，亡くなって。　［(NC)Q］
　　　B：1人でしょ。まだ死んだのは。
　　　A：いや，2人。　［述部型］
　　　B：2人死んじゃった？　［(NC)Q］
　　　A：うん。　　　　　　　　　　　　　　　　　　　(data002)

　この例は，(NC)Q や述部型が混ざって出ているが，話題が炭疽菌の感染者であるため，先行文脈から名詞を言わなくてもコミュニケーションは成立する場面である。
　それでは，NCQ 型は，どんな状況で使われているのだろうか。以下の例

は，ロンドンのベルギー料理レストランに行って，パンやムール貝を食べたとか，ベルギービールを飲んだという話題で盛り上がった後の場面である。ここでは'日本人の女の子'というこれまでになかった登場人物が現れて話題が展開する。

(9) （ロンドンでベルギー料理レストランに行ったときの話題）
　　A：で，パンをこうやってひたしちゃって食べちゃったりとかしてー。
　　B：で，さあ，たまたま隣に日本人の女の子が2人いて，A子もそのお店が初めてで，で，ムール貝がすごーい山のように出てくるっていうから私，行きたかったのって言うから，じゃ行くとか言って，で，来て，これってさあ，1キロって何人で食べれるんだろう。
　　　　　　　　　　　　　　　　　　　　　　　　　　　　（data002）

名詞を表示する際には，それなりの動機づけが必要であることがわかるであろう。名詞を表示するNCQ型は103例で11.1%であった。しかし，名詞を非表示にできる述部型165例やデ格型149例に，名詞が表示されない(NC)Q130例を足すと全体の48%を占めることになる。ここから先は，各形式について個別に議論を行う。

3.1　述部型と(NC)Q

　ここまでに議論してきた通り，これらの共通点は名詞を表示しないところにある。例えば，「(担当クラスに)学生は何人いますか？」という質問に対して，「15人です」と述部型で答えても「15人います」と(NC)Qで答えてもかまわない。ここでは数量質問場面に状況を絞って，そこで使われる形式に述部表現が多いことを確認していく。数量質問場面とは，(2)のように数に関する質問Qに対してAが数を答える場面のことである。これは，典型的な数情報の伝達場面であり，名大会話から「何人，人数，どれくらい」をキーワードにして人数を質問している場面を抜き出してみると，全部で15例見

つかった[6]。ここでの例文は質問 Q と答え A に分けて提示する。

(10a) Q：何人よ。
　　　A：なん，2人なんだけどー。　　　　　　　　　　　　（data045）
(10b) Q：何人ぐらいだった？
　　　A：15人ぐらいかなー。　　　　　　　　　　　　　　（data053）
(10c) Q：何人兄弟？
　　　A：2人。　　　　　　　　　　　　　　　　　　　　　（data065）

ここにすべての例を掲載はできないが，15例中このような述部型は13例である。これらはすべて質問自体が述部型で聞いているので答えも述部型になっているが，以下のように (NC)Q で質問しているのに述部型で答えているものもある。

(11) Q：何人泊まられるんでしたっけ？
　　　A：40名。　　　　　　　　　　　　　　　　　　　　（data035）

残りの2例は以下のような (NC)Q となっている。

(12) Q：ふーん，え，何人いるの？ 子供。
　　　A：子供。（うん）何，その言葉っていうか，キャンプによって人数全然

---

[6] 「何人？」という Q に対して，必ずしも A が人数を答えるとは限らず，違う話題にいってしまうこともある（例1，data044）。そういった場合は不成立としてカウントしていない。また，自分で質問したものを自分で答える自問自答パターン（例2，data055）も厳密には QA ではないのでカウントしていない。
例1　Q：みんなって何人？
　　　A：うーん，何人なんだろう。
例2　Q：2メートルがねー，何人いるかな。
　　　A：2メートル？
　　　Q：うん，2メートルが3人いるのかな。
　　　A：あ，ほんとー。

違うんだけどさー，（うん，うん）日本語のとこはねー，（うん）<u>70
人</u>ぐらいいたかなー。　　　　　　　　　　　　　　(data016)

このように数情報の伝達場面では述部表現が用いられることがわかった。これは数量に焦点を当てた構造であると言えるのではないだろうか。少なくともこういう場面ではNCQ型が全く現れていないということは確認できるであろう。

3.2　デ格型

　デ格型も名詞を表示せずに使える点で，出現数が増えているのではないかということをすでに述べた。対照的に，デ格型と同じく全体性・集合性を持つとされるQのNC型は，名詞を表示せずに使うということができない。ここでは，更にデ格型数量表現の特徴を指摘したい。それは，話し手や聞き手を含む複数の人間の数量を伝達できる点にある。話し手を含む'2人'と聞き手を含む'2人'の例を一つずつ紹介する。

(13)　あったじゃん。（うん）で，男の人と私で<u>2人</u>で行くんだけどさ，（うん）なんか，えっ，じゃあ，打ち合わせしましょうって，…(data049)
(14) A：まだ<u>2人</u>で行ってんの。
　　　B：うん，2人で行ってる。
　　　A：後期も？
　　　B：うん。　　　　　　　　　　　　　　　　　　　　(data003)

「男の人と私で 二人で」とあるように，デ格型はNの部分をバラバラに提示した上で，それらをまとめて「二人で」と言うことができる。「私は弟と妹と 三人で…」のようにいくらでもバラバラに提示できるというのも大きな特徴である。名詞の表示・非表示の問題に加えて，話し手や聞き手を含むバラバラに提示されたNの数量をQのNC型では表せないため，デ格型が多く使われているのではないだろうか。これは第5章で議論した均

質性の問題とも関わるが，Q の NC 型は異質なものの集合を表すことができず，こういった使い方ができないということになる。

(15) ＊2 人の私たち 　　　＊2 人の君たち

この例のような場合では，むしろ第 7 章で扱う代名詞的用法として '2 人' が単独もしくは '私たち 2 人' の形で使用されているはずである[7]。
　このようなデ格型には使用制約もある。それは主格が何らかの共同行為を行う場合に限られることである。まず，以下の例のように，デ格型は主格以外の数を表すことができない。

(16) 　<u>10 数人の男</u>が網を引いている。
(16′) 　<u>男が 10 数人</u>で網を引いている。
(17) 　妻が<u>二人の子供</u>を産んだ。
(17′) ＊妻が<u>子供を二人</u>で産んだ。
(18) 　その女性が<u>二人の知人</u>にお祝いをもらった。
(18′) ＊その女性が<u>知人に二人</u>でお祝いをもらった。

　また，共同行為とでも呼ぶべき制約がある。以下のような例が典型であるが，主格で表された人間が複数で，かつ共同で関わる行為なら問題なく許容される。

(19a=(4a)) 　子供が 15 人で綱を引くのよ。
(19b=(4b)) 　子供が 15 人で足をつないで走るのよ。

---

[7] デ格型数量表現は，「私は山田さんと二人で行きました」のように，人称代名詞と互いを参照しながら共起できる点で数量詞の代名詞的用法とは異なる。ただし，直示表現として使われている場合は '私たち二人で' を代名詞的用法と認定している (代名詞的用法の定義については第 7 章参照)。

しかし，以下の例のように共同で行う必要がない行為だと許容度が落ちる。

(20a)　1億2000万人の日本人が驚いた。
(20b)　?日本人が1億2000万人で驚いた。

また，第2章で紹介した周辺的な例の中に，時間的なまとまりを表すQのNC型というのがあったが，その場合，ある一定期間内のまとまりを表せば，必ずしも共同行為ではなくてもよかった。しかし，デ格型になると，共同行為（以下の例では一緒に移動すること）のニュアンスが出てしまう。

(21)　夏季休業中，五人の教員が海外に出ている。（それぞれが別々の移動でも可能）
(21′)　夏季休業中，教員が五人で海外に出ている。（全員同じ移動の場合のみ可能）

以上のように，主格が何らかの共同行為を行う場合という制約からは，当然有生の主格が優先され，モノを表す助数詞は使用しにくくなる。有生なので，人間には限らず「猫が二匹で遊んでいる」などという使い方はできるが，それでも猫が共同で何かの行為をする場面というのが想定しにくいため，例は少なくなる。

　それでは，助数詞'個'などはどうであろうか。モノが主格にあり，共同行為を表すということはあり得ないが，以下の例のように何らかの人間活動が含意されて，かつまとまりでモノが存在する場合なら使用が可能になる。

(22)　りんごが二個で（300円です／売っている／1セットです）。

ここではこれ以上細かい議論はしないが，デ格型は助数詞'人'の場合が圧倒的に多いということは，ここまでの議論から明らかである。第9章では助数詞によって各数量表現形式の出現数が変わることを量的に示している。

4. 本章のまとめ

　ここまで，日本語の数量表現には定番4形式以外にも頻繁に使われている形式があることを見てきた。本章では名大会話という口頭コミュニケーションにおける対話をデータに用いているが，デ格型数量表現は，会話に限った形式ではなく，文学や新聞にもかなりの割合で使われている（第9章参照）。第1章でも述べた通り，この形式の記述があまり見つからないのは，これまでの研究がその対象として扱ってこなかっただけのことである。

　デ格型について少し展望を述べたい。第1章で紹介した大木（1987）では，NCQ型が他動詞の主語の数として用いられることが309例中2例しかなかったことを指摘している。しかしデ格型であれば，他動詞の主語を表すことができるため，NCQ型の使用制約を補っている可能性がある。

(23) ?教員が2人学生を指導する。
(23′) 教員が2人で学生を指導する。

QのNC型は用いにくくて，かつNCQ型が使えない他動詞の主語のとき，デ格型が使いやすくなるのではないだろうか。また，自動詞に関してはNCQ型，デ格型，QのNC型という3形式が可能となる。これらの使い分けといった議論はこれまでなかったものであり，研究の余地はあるのではないだろうか。

(24) 子供が三人遊んでいる。
(24′) 子供が三人で遊んでいる。
(24″) 三人の子供が遊んでいる。

方法論として本章で主張したかったことは，形式を決めてから記述を行うというスタイルでは，なかなか定番形式以外の記述が行われないということである。本章で提示したように，機能から形式の記述を行うというスタイルが

重要になっていくのではないだろうか。

> 補注　JGREP と Devas
>   正規表現を用いてコーパスデータを分析する際，検索ソフトを使用すると便利である。JGREP が有名だが，数量詞のように 1 文に何回も出現するようなものを検索するには向いていない。「本を 3 冊，う〜ん 4 冊買いました」のような文だと，1 回出現としてカウントされてしまうからである。そういうわけで本章では Devas を用いている。Devas は 1 文に複数回出現したものをすべてカウントすることができる。どちらもフリーソフトで，以下のアドレスからダウンロードが可能である。製作者の方々のご好意に感謝いたします。
>
> JGREP
> http://www.hi-ho.ne.jp/jun_miura/jgrep.htm
> Devas
> http://www.gigafree.net/tool/grep/devas.html

第7章

代名詞的用法*

　これまで数量表現としての数量詞の用法を見てきた。本章では今までとは視点を変え，数量詞が代名詞として用いられる用法を見ていく。本章はⅠ部とⅡ部に分けられる。Ⅰ部では数量詞の代名詞的用法というものの特徴を記述することを目的とする。使用に関わる制限や利点，代名詞との比較などが議論の中心である。Ⅱ部では，数量詞が裸で代名詞的用法になるときとそうではないときの違いを論じる。裸ではないとき，指示詞や人称代名詞が数量詞に付加されることが多い。そこでは文脈における個体性が関わっており，話題において，指示詞や人称代名詞などの場指示語が取り立て機能を持っているという主張を行う。

Ⅰ部　日本語数量詞の代名詞的用法

1. はじめに

1.1 数量詞の代名詞的用法とは

(1)　やがて<u>二人</u>は丘を登って右に曲がろうとすると，そこに牛が一匹立っているのに出会いました。

(2)　狐はまだ網をかけて，樺の木の下に居ました。そして<u>三人</u>を見て口を

---

* 本章Ⅰ部は岩田（2005）「日本語数量詞の代名詞的用法」をもとに，Ⅱ部は岩田（2006a）「日本語数量詞の代名詞的用法と場指示語」をもとに，それぞれ加筆修正を加えたものである。

曲げて大声で笑いました。
(3) 　けれども，父は二人に逢おうとはしなかった。　　　（加藤［美］2003）

　これらの例のように，数量詞が既出の人物の代わりに用いられることがある。上の例文だけでは先行する人物が誰なのか具体的にはわからないが，これらはそれぞれ代名詞に置き換えが可能なことから，これらの数量詞は代名詞のような機能を有するとされている（Downing 1986，井上 1999・2003，加藤［美］2003）。それが本章で言う数量詞の代名詞的用法というものである。井上（2003）では，これを'指示物追跡'と呼び，本稿でもこの用語を用いる。ただし，井上（1999・2003）ではこの機能を指摘しているのみで，詳しい定義は見られない。

　加藤［美］（2003）では三人称代名詞になるもののみを取り上げて三人称代名詞的用法としているが，Downing（1986）では三人称代名詞のみではなく，先行文脈に既出の'specific referents'すべてを対象にして，それらを数量詞が表す用法を'the anaphoric use of classifiers'として記述している。確かに助数詞は，'人'だけではなく'匹''本'など様々なものがあり，人称代名詞だけに限って代名詞的用法を認める必要はないが，後に述べるように'人'の使用が圧倒的多数であることも事実である。

　上の先行研究はどれも先行文脈に既出のものを数量詞が追跡するという照応表現だけを扱っている。小説などの文章をデータとして用いていることから，どうしても照応表現に注目が集まってきたが，代名詞というのは当然，照応表現だけに限定する必要はない。会話の場面では直示表現もあり，本章で扱う数量詞の代名詞的用法でも同じことが言える。漫画などの会話をベースとする資料に当たれば(4)のように現場の参加者を追跡する直示表現も数量詞で表現されている。このことから，(4)のような直示表現も代名詞的用法に含めることが可能であると考える。

(4)　（女性→聞き手二人への発話）
　　　「待って！！」「二人には言わなかったけど，ベイマーさんには村に

下って，雪崩のことを知らせるようにお願いしたんです。」「すべて私の責任です。」
(続いて，女性→ベイマーへの発話)
「ベイマーさん，今度は<u>二人</u>を手伝って！！」　　　　　　　　(マスタ)

最初の'二人'は'あなたたち'，次の'二人'は'彼ら'と置き換えが可能である[1]。本稿では，この現場に参加している指示物(referents)も代名詞的用法が追跡する対象として扱う。

　照応表現であれ，直示表現であれ，指示物そのものの代わりに用いられるものが代名詞であることから，数量詞の代名詞的用法は指示物そのものを表す名詞によって，置き換え可能なものと考える。代名詞との置き換えが可能かどうかのみで定義してしまうと，代名詞との使い分けを説明できなくなってしまうので，数量詞代名詞的用法を以下のように定義する。

(5)　数量詞代名詞的用法の定義
　　　先行文脈に既出である，または現場に参加している指示物を数量詞が追跡する用法で，数量詞を，代名詞もしくは指示物そのものを表す名詞に置き換えることが可能なもの

1.2　数量詞単独使用と代名詞的用法

「数詞＋助数詞」からなる数量詞が単独で使われているからといって，必ず代名詞的用法になるわけではない。ここでは 1.1 で定義した代名詞的用法とそうではないものの境界をはっきりさせたい。

(6)　<u>五人</u>のキャンプは労働力が多いから楽だ。
　　　<u>一人</u>が何か一つのことをやればいい。　　　　　　　　　　　(川)
(7)　ヒッラ周辺で多数の市民の死傷者が出た模様で，AFP 通信は現地の

---

[1]　ただし，この文を代名詞で置き換えるとニュアンスが若干異なるが，このニュアンスの違いはここでは議論しない。

情報として33人が死亡したと報じた。　　　　　　　（朝03.4.2）
(8) 東郷「明日…？　ずいぶん急な話だな…何かあるらしいが…」「それで，どうして俺なんだ？」
依頼者「最初からきみに頼めばよかったのだが…実は，この2週間の間に，君と同業のものが二人…」「一人はライフルでしくじり，もうひとりのナイフ使いは…」「なぜかゴドノフの間近まで行きながら，心臓麻痺で急死！」　　　　　　　　　　　　　　　　　（ゴルゴ）
(9) …，兵庫県警は，同県明石市内の市立中学3年の男子生徒(15)を殺人未遂容疑で逮捕し，女子生徒も共犯として逮捕したと15日，発表した。2人は同じ中学の生徒で，…　　　　　　　　　　　　（朝05.3.16）

(5)の定義から考えると，(6)は全く指示物がなく，数量詞が何かの代わりに用いられているわけではないから代名詞的用法ではない。「五人の人間で行う」というような意味であり，'五人'が誰なのかは決められなくてもかまわない。(7)(8)は指示物が先行文脈にあることはあるが，先行文脈中の指示物からその一部を数量詞が不特定なものとして取り出している。これらは代名詞に置き換えもできないし，指示物そのものを表す名詞を入れても文脈的におかしくなる。よって代名詞的用法には入れない。

(7′)　…33人（*彼ら／?市民たち）が死亡した…
(8′)　…一人（*彼／?きみの同業者）はライフルでしくじり，…

これらの例はどちらも先行する指示物の中の内訳を説明しているため，ゆるやかに照応していることは間違いない。特に(8)の例は英語で'one'と訳せば不定代名詞と言われるものであり，代名詞に準ずるタイプである。'一'が代名詞的用法にならないことは2.1でもう一度論じる。(5)の定義によって規定すると，上の中では(9)だけが数量詞の代名詞的用法ということになる。(9)では，先行する指示物（'男子生徒''女子生徒'）を追跡する照応表現として使われている。また，1.1であげた(4)のような直示表現も数量詞の代名詞

的用法となる。

1.3　先行研究と本章 I 部の目的

　井上 (1999・2003)，加藤 [美] (2003) では，代名詞的用法の存在を指摘しているに留まっている。ここでは，この用法を詳細に記述している Downing (1986) を概観する。そこでは，英語の代名詞に当たるものは日本語では省略であると指摘し，日本語で一度出てきた名詞を繰り返すとき一番多いパターンは省略してしまうことであるとしている。その省略に代わるものとして代名詞をあげ，数量詞代名詞的用法との比較を行っている。そこで指摘されていることはまず，名詞のようにかなり離れたところからでも指示物を指示できるということである。更に，スタイル的に中立な 'anaphoric option' であるという指摘もしている。これについては Hinds (1975)[2] の研究を引用して，Hinds が指摘した日本語三人称代名詞の持つ様々な 'heavy social constraints' を数量詞は避けることができるという主張をしている。また，男女がペアのときには，代名詞では指示しにくいという指摘も最後に追加している。これらの指摘についてはのちに検証する。

　Downing (1986) をはじめ先行研究では，1.1 で述べた通り，照応表現の代名詞的用法のみを扱っている。(4) のように現場の参加者を追跡する直示表現については全く触れられていない。また，データから言えることのみを述べており，そもそも数量詞がどうして代名詞的に使われるのかという視点では書かれていない。そこで本章 I 部の目的を以下のように立てる。

　　本章 I 部の目的：数量詞がなぜ代名詞的機能を持つのかを論じ，数量詞
　　　　　　　　　　の代名詞的用法の特徴を記述することで代名詞との違
　　　　　　　　　　いを明らかにする

---

[2] 日本人の高校生，大学生 297 人に 7 パターンのアンケートを取って，どんなときに代名詞を使うかを詳細に記録している。

2. 数量詞代名詞的用法に関わる制約

代名詞的用法は，どんな数詞でもどんな助数詞でも使えるというわけではなく，使用には制限がある。ここでは代名詞的用法の数詞に関わる制約と助数詞に関わる制約を先行研究を交えつつまとめる。

2.1 数詞に関わる制約

ここでは，'一'が代名詞的用法に使用できないことをまず論じたい。数字の'一'は他の数字と少し振る舞いが違う。Downing(1986)は，統計的に'one'は代名詞的用法（照応表現）に使われていないと指摘している。理由としては，'indefinite marking flavor'があること（例　そこに一人の漁師がありました。），'one'は他の数字に比べて'contrastive information'が低いことをあげている。確かに(10)のように'一'では指示物を追跡することができない。

(10)　私のクラスには劉さんという留学生がいます。（彼／劉さん／*一人）はとても明るく…

以下のように同様の例でも指示物が'二'になると追跡が可能になることがわかる。

(11)　私のクラスには劉さんとジョンさんという留学生がいます。（彼ら／劉さんとジョンさん／二人）はとても明るく…

井上(1999)では，数量詞の代名詞的機能について，以下の例をあげ，「1＋助数詞」が代名詞的用法として使えるかのように紹介されているが，これは厳密には代名詞的用法とは言えない。

(12)　オオクワガタはかつて幻の昆虫として扱われていましたが，一九八六年の『月刊むし』「オオクワガタ特集号」で詳細な生態と採集方法さら

には累代飼育手法が公開されるや，バブルの最盛期と相まって，一時期には<u>一匹</u>数十万円から時には数百万円で取引され異常に高価な虫になってしまいました。　　　　　　　　　　　　　　　（井上 1999）

この例は，既出の指示物を照応表現として追跡しているわけでもないし，直示的なわけでもない。よって本章の研究対象としては(5)の定義に従い対象から外したい。(12)の'一匹'を'それ'や'オオクワガタ'で置き換えることはできない。

(12′)　…バブルの最盛期と相まって，一時期には(*オオクワガタ／*それ)数十万円から時には数百万円で…

この'一匹'は，'オオクワガタ'の代名詞として使われているというより，'一匹'という数量単位に焦点が当たっている。
　'一'と'二以上'の違いは，例えば'その一人'と'その二人'の意味の違いにも現れる。先行する指示物が二人なら'その二人'で追跡することができるが，一人なら'その一人'で追跡することはできない。'その人'と言った方がむしろわかりやすい。

(13)　私の友達は真田さんです。<u>*その一人</u>はいつもごはんに誘ってくれます。
(13′)　私の友達は真田さんと斎藤さんです。<u>その二人</u>はいつもごはんに誘ってくれます。

このような，指示詞と数量詞の関係については本章のⅡ部で詳しく論じる。
　ここで注意したいのは，'一'が代名詞的に使われているかのような例が少し見つかることである。それは以下のようにデ格型'一人で'という形で使われる例である。

(14)　私は一人で大阪に住んでいます。

これは一見，'一' が代名詞的に使われているように見えるが，この '一人で' は文の中の '私' を追跡しているというよりは，「単独で」といった副詞的意味が強い。よって当然，代名詞や名詞と置き換えると意味が変わってしまうため代名詞的用法とは言えない。

(14′) #私は私で大阪に住んでいます。

また，1.2 で見たように不定代名詞としてなら代名詞的用法は '一' でも使用が可能になるが，(10) の例のように既出のものをそのままは追跡できないことから本章の考察対象には入れない。ただし，ここで指摘した '一' の特殊性については改めて第8章でまとめて論じる。

　数詞に関して '二以上' ならすべて均等によく使用されるというわけではなく，実際には '二' が圧倒的に多く，数詞が '三以上' になると，次第に使用が減っていくこともDowning(1986)で指摘されている。本章で扱う二人称直示表現では一層この傾向が強い。

2.2　助数詞に関わる制約

　Downing(1986)の指摘によると，助数詞は '人' の使用が圧倒的に多くて，独占状態であるとしている。その理由としては話題になりやすいからとしている。そして，'人' 以外の助数詞を使う場合には，指示詞を付けて明示的に 'definiteness' を成立させないと使えないという指摘もなされている。確かに，助数詞 '人' は一般に裸のままで代名詞的用法に使用されているし，それ以外の助数詞は使用例自体が少ない上，あったとしても指示詞を伴っている。

(15)　チャーリー「それで…あ…あのな…タイチ…」「列車が突っ込んで来た時，俺が何か叫んだこと，覚えてないよな…」
　　　タイチ「ああ，君が"マンマー！！"って叫んだのは，二人だけの秘密

(16) 荷造りをほどいて中を改めると，第一の梱包からは二十数着のオーバー，第二の梱包からは百数十点の子ども服，第三の梱包からは五十数点の婦人服が出て来た。…ぼくをさえ欺いて，全国あて数十の梱包の中に，この三個をしのび込ませておいたのだ！　　　（モッキン）

　ただし，個体性が上がれば，'人'以外でも裸で使用できるし，また'人'に指示詞を付けなければならない場合もあり，ここでの指摘は一概に支持することはできない。

(17) 「ようし，3びき　いっぺんに　くってやるぞ。」　　（3匹のこぶた）
(18) 甲：ドイツ語のできる人を探しているんですが。
　　　乙：それならうちの科にいますよ，西尾君と桜井君。
　　　甲：?彼ら／?二人／その二人，通訳したことあります？

（田窪・木村 1997 の例をもとに作成）

　(17)の例は人間ではない'ぶた'を主人公として描かれている話であり，動物を人間扱いしていると言える。また逆に(18)の例のように，話し手が知らない指示物であれば，人間であろうと裸での使用が制限される。これら個体性に関わる条件は更なる検討が必要であり，本章II部で細かく論じる。本章I部では細かい議論は行わず Downing (1986) の指摘を大筋で認めた上で，先の議論に進む。なお，照応表現では圧倒的に人称代名詞の三人称，直示表現では一，二人称の例が多い。次節以降は'人'のみを対象として議論を進めていく。理由は先行研究で指摘されているように，圧倒的に代名詞的用法は'人'の例が多いことと，'人'に絞ることで人称代名詞との比較が可能になり，代名詞的用法の特徴が明らかにできることの二つである。

3. 数量詞が代名詞的機能を持つプロセス

3.1 数量詞の抽象性

助数詞は類別詞とも呼ばれるところからもわかるように，あるカテゴリーを表す意味を有している。助数詞'人'には'人間'というカテゴリーを表す意味がある。言うまでもなく助数詞とそれに共起する名詞は一対一対応ではなく，(19)のように助数詞の方が意味がより抽象的で広い。

(19) 助数詞'人'と共起する名詞：職員，学生，住民，教師，市民，女性，日本人…

つまり，名詞からそれに対応する助数詞を決定することはできるが，助数詞から名詞を一つに決めることはできない。こういった抽象性[3]は数詞を付加してもさほど変わらず代名詞的用法のときにもその特徴として現れる。人称代名詞と比較してみると，数量詞代名詞的用法の抽象性は明らかであることをこれから見ていく。

まず，Downing(1986)でも指摘されていることであるが，日本語の三人称代名詞「彼・彼女」は性が特定できないと使えない。男性か女性かわからない場合は人称代名詞で表現することができない。また，「彼ら・彼女ら」という複数形を用いると，「代表＋その他」のニュアンスが出てしまい，カップルなどの二人組を表現することができない。それに対して数量詞代名詞的用法は，性が特定できなくても数さえわかれば用いることができるし，カップルを'二人'で指示することもできる。

(20) A 「クラスには田中という名前の人が二人いるのよ。」
　　　B 「二人は男の子？」
(21)　新郎新婦は，高知市の会社員高見良児さん(29)と小学校教諭育恵さ

---

[3] 数量詞の抽象性については，第3章4.節で論じている。

ん(28)。踊りが縁で出会ったことから<u>2人</u>が企画し，友人や親類ら約140人が参加した。　　　　　　　　　　　　　　　　　　(朝 04.8.12)

(22)　エドワード「あなたも。僕のことを信じてくれない！！」「お父さんとお母さんは，僕をお兄ちゃんのお葬式にも呼んでくれなかった！」祖父「フー」「いい加減に，<u>二人</u>を許してやらないか。」　　(マスタ)

次に，人称に関する区別を見たい。人称代名詞は，当然であるが一人称・二人称・三人称で異なった語を用いる。しかし数量詞は人数だけわかれば，人称に関わらず同じ形で使用ができる上に，人称の複合があってもかまわない。

(23=(4))　「二人称→三人称」へ移動する例(登場人物：女性，そのご主人，キートン，ベイマー)

　　　　女性→主人とキートン(二人称の例)

　　　　「待って！！」「<u>二人</u>('あなたたち'の意味：筆者注)には言わなかったけど，ベイマーさんには村に下って，雪崩のことを知らせるようにお願いしたんです。」「すべて私の責任です。」

　　　　女性→ベイマー(三人称の例)

　　　　「ベイマーさん，今度は<u>二人</u>('彼ら'の意味：筆者注)を手伝って！！」

(24=(15))　「一人称＋二人称」の複合の例

　　　　チャーリー「それで…あ…あのな…タイチ…」「列車が突っ込んで来た時，俺が何か叫んだこと，覚えてないよな…」

　　　　タイチ「ああ，君が"マンマー！！"って叫んだのは，<u>二人</u>だけの秘密だよ。」

(25)　「一人称＋三人称」の複合の例

　　　　娘「ねえ　お父さん……どうしてお母さんと一緒に暮らさないの？」

　　　　耕作「ん？」「それはね…今<u>二人</u>が暮らしたくないからそうしてるんだ。」　　　　　　　　　　　　　　　　　　　　　　　　(島)

(23)の例は，同じ談話において'二人'が二人称になった直後，今度は三人称として用いられている例である。(24)(25)はそれぞれ人称を複合して用いられている。数量詞は，人称代名詞ほど指示物を細かく区切っておらず，ここからも意味的に抽象性が高いことがわかる。

3.2　数量詞代名詞的用法の間接性と仮説

1.2では，「数詞＋助数詞」という数量詞の単独使用がすべて代名詞的用法になるわけではないことを指摘した。そこからも明らかなように，数量詞が語彙として代名詞のような機能を持っているわけではない。代名詞的に解釈するか違う解釈をするかというのは，指示物があるかないかなどの文脈によって決められる。ここでは語彙として代名詞機能を持たないということを，間接的な追跡と呼ぶことにする。語彙として代名詞機能を持っている人称代名詞とはこの点において，大きく異なる。では，どうして数量詞が代名詞的な機能を持てるのであろうか。

数量詞が数量表現として用いられるとき，「三人の学生」「学生三人」「学生が三人いた」と，センテンス内で名詞と共起していた。この共起関係の片側が欠けたときに，もう片側を探すことになり，それが代名詞機能につながるのではないだろうか。「昨日うちに三人が来たわ。」と何の文脈もなしに言われたら，「誰が来たの？」と聞きたくなってしまうように，'三人'が何を表すのか追跡したくなってしまう。もちろん1.2で見たように，何かを追跡できる場合ばかりではないが，共起関係が背後にあるのは確かである。口頭コミュニケーションについて第6章で見た既知の名詞を言わないという現象も，言わなくても数量詞から名詞を追跡できるからという説明が可能である。

(26)のように，最初に数量詞と名詞が共起した後，二回目に名詞だけ省略するという形は，指示物と数量詞の結び付きを明示的に示している。また，(27)のように先行する普通名詞を受けて，数量詞が使われる場合もある。これは指示物と数量詞の結び付きが明示的ではなく，聞き手の解釈に委ねられている。つまり(27)において'2人'が先行文脈中の誰と誰を指すのかは(26)ほど明示的ではない。

(26) 　阪神大震災の被災者に国や神戸市などが貸し付けた災害援護資金の滞納問題で，神戸市が進める悪質滞納者に対する差し押さえの対象に<u>市職員2人</u>が含まれていることがわかった。<u>2人</u>は返済についての相談に一切応じなかったという。…市によると，<u>2人</u>は30代と40代の男性職員。　　　　　　　　　　　　　　　　　　　　　　　（朝05.3.2）

(27=(9))　　…，兵庫県警は，同県明石市内の市立中学3年の男子生徒(15)を殺人未遂容疑で逮捕し，女子生徒も共犯として逮捕したと15日，発表した。<u>2人</u>は同じ中学の生徒で，…

(26)の例では'市職員'という名詞のカテゴリーを表す助数詞'人'が使われている。この'人'は3.1で見たように抽象度の高い情報であり，それだけで追跡する指示物を特定することはできない。しかし文脈があれば，助数詞（カテゴリーに関する情報）に数情報を足すことで，対応する名詞をある程度追跡できる。数量詞（数詞＋助数詞）の代名詞的用法とは，このように文脈をもとに聞き手が対応する名詞を検索して解釈することで，指示物を追跡している。ここまでの議論をまとめて以下のように仮説を立てる。

(28) 　本章I部の仮説：数量詞代名詞的用法は，「数詞＋助数詞」による抽象的な情報と文脈をもとに聞き手が解釈して指示物を特定する，間接的な指示物追跡である

4. 人称代名詞と数量詞代名詞的用法

　ここでは人称代名詞に関わる制限を概観しながら，それらの制限が数量詞代名詞的用法では回避できることを見ていく。

4.1　照応表現

　ここでは，1.3で紹介した先行研究の指摘を具体的に検証してみたい。Downing(1986)ではHinds(1975)を引用して，数量詞代名詞的用法は人称代

名詞の使用制約 (heavy social constraints) から逃れられるという指摘をしているが，それらの制約について具体的な議論は見当たらない。Hinds(1975) では，日本語人称代名詞の'彼'について，7つの仮説を立てている[4]。それらの中からいくつかをピックアップしてその制限が数量詞代名詞的用法にはかからないことを見ていく。

　Hinds(1975) では，家族に対して，また社会的上位者に対しては'彼'は使えないという指摘をしている。個人差はあるだろうが，確かに家族や社会的上位者について言及するときには，人称代名詞が使いにくいのではないだろうか。しかし以下のように，数量詞代名詞的用法を使った例なら見つかる。(29)は自分の子供に対して，(30)は当時の社会的上位者である宮内省の職員に対して，数量詞代名詞の用法が用いられている。

(29)　私には慧生と嫮生という二人の娘がいます。その二人には中国と日本の血が流れています。私は日本に帰ってこの二人の娘をしっかり育てていこうと決意しました。　　　　　　　　　　　　　　（流転）

(30)　宮内府には，建国の初期，宮内省から選ばれて入江，加藤の両氏が来満されていました。お二人は，天皇陛下の「皇帝に仕えることはすなわち朕に仕えるのと同じである」というお言葉に従い，風格ある宮内府を作り上げようと尽力されましたが，…　　　　（流転）

これらを人称代名詞に置き換えると，少しすわりが悪くなるのではないだろうか。

(29′)　私には慧生と嫮生という二人の娘がいます。?彼女たちには中国と日本の血が流れています。

(30′)　宮内府には，建国の初期，宮内省から選ばれて入江，加藤の両氏が来

4　仮説は，① young adults は高校生よりも'彼'をよく使う，②女性は男性よりもよく使う，③'彼'は家族に使えない，④社会的上位者には使えない，⑤共有領域にいる人には使えない，⑥翻訳によく使われる，⑦何回も使うとよくないの7つである。

満されていました。?彼らは，天皇陛下の…

?を付けるほどではないかもしれないが，数量詞ほどニュートラルではなくなる。

また，Hinds には，人称代名詞'彼'は繰り返し使用することはできないという指摘もあるが，数量詞代名詞的用法ならこれも避けることができる[5]。

(31) （本のまえがきより）
　　そのような過程において光を与えてくれたのが，寺村秀夫と彼の師である三上章だった。その後，この二人の日本語文法研究者が何をなしたのかを折りに触れて考えてきた。二人がいかなる目標のもとに…

（三上）

(31)の書き出しで始まるこの本は，最後まで'二人'という数量詞を人称代名詞の代わりに使用している。つまり，一冊の本が終わるまで繰り返し繰り返し使用が可能であるということである。

　日本語の人称代名詞はかなり西洋言語に影響を受けており，翻訳ものでよく使用されてきた。そういったところから逆に使用制限が生まれているのは事実である。数量詞代名詞的用法がそれらの制限を避けることができるのは，3.節で議論したように，何かを直接指示するものではないからであろう。人称代名詞の指示範囲は狭いのに対し，数量詞の指示範囲はとても広いことを 3.1 で確認したが，それは数量詞の意味の抽象性を示している。人称代名詞が語彙として指示物を追跡するのに対し，数情報とカテゴリー情報だけを提示して，後は文脈から指示物を追跡するという間接的な方法だと，指示物に対する制限が発生しないのである。ここで見てきた一連の例はすべ

---

[5] 金田一(1988)では，日本語では一人称代名詞を何度も繰り返して使うことができないという指摘をしており，Hinds(1975)の指摘と合わせると一・三人称は繰り返し使用がしにくいことになる。二人称代名詞はそもそも使用がしにくいことを考慮すると，この性質は，人称代名詞一般について言うことができるのであろう。

て，(28) の仮説で説明ができる。

4.2　直示表現：二人称

　ここでは，直示表現の中でも特に数量詞が多く使われている二人称の用法に的を絞って議論したい。多くの研究で指摘されているように，日本語の二人称代名詞は，聞き手相手には使いにくい。例えば「日本人の頭の中には，西洋人と違い，代名詞という単語で相手を指すのは失礼に当たるという考えがあるようだ。」(金田一 1988: 167) というような指摘がある[6]。そこでは，その理由については詳しく述べられていない。また，日本語では一般に代名詞の代わりに，人を指すなら，実名・愛称，地位・役職，職業・役割名，親族名，年齢階層語などの多彩なバリエーションの中から選べる（金水 1989）という指摘がある。これによって，二人称代名詞の失礼さは避けることができるだろう。少し例をあげて考えてみる。

(32) （職場の同僚'真仁田さん'に町でばったり会ったとき）
　　「(?あなた／真仁田さん) がこんなところにいるなんて珍しいですね」
(33) （先生が待ち合わせ場所に着いている。その後に到着した学生）
　　「(?? あなた／先生) はやはり早いですね」
(34) （友人の祖父に会ったとき）
　　「(?? あなた／おじいさん) はいつもお元気ですね」

　確かに，単数のときには代名詞を避けて，実名や地位などで表せばいい。しかし，これが複数になると，代名詞が使いにくいのは同じであるが，実名や地位で呼ぶのは少ししつこい感じがする。この場合数量詞代名詞的用法はすわりがいい。

(35) （先生と先輩が待ち合わせ場所に着いている。その後に到着した学生）

6　金谷 (2002)，三輪 (2005) にも同様の指摘がある。

「(？あなたたち／？先生と先輩／お二人)はやはり早いですね」

聞き手が先生と先輩なのだから，先輩を包含してしまう形で'先生方'[7]という言い方もできるかもしれない。しかし発話時に，複数いる聞き手の実名や地位，及びそれらの組み合わせを考えるのは容易ではなく，むしろうまく組み合わせができない場合が多い。例えば(36)の例は，ある女性（宿屋の主人の妻）がその主人と，客であるキートン相手に代名詞的用法を使っている。この場合，話し手の女性にとってキートンは宿屋の客であり，主人と客をまとめて表すには実名や地位では言いにくい。(37)の例も同様で，三人のサラリーマンが会話している状況で，三人はそれぞれ違う会社に所属している。この場合も実名や地位では呼びにくい。

(36=(4))　（女性とそのご主人とキートンの会話）
　　　　　主人の妻「待って！！」「二人には言わなかったけど，ベイマーさんには村に下って，雪崩のことを知らせるようにお願いしたんです。」
(37)　（モレル，アンダスン，キートンの会話）
　　　　キートン「お二人は，知り合って長いんですか。」…「とにかく二人は，ライバル同士って訳ですね。」　　　　　　　　　　　（マスタ）

ここで二人称代名詞の失礼さをどうして数量詞代名詞的用法が避けられるのか考察したい。二人称代名詞'あなた'は，遠称'あれ'の方角を表す形'あなた'から来ている（岡村1972）とされている。よって，背景には話者を起点に対象を指し示すベクトルのようなニュアンスがあるのではないだろうか。ここでは，話者が直接，指示物である聞き手を指示するということ自体に何らかの使いにくさが関わっていると指摘するにとどめる。それに対して数量

---

[7] この例文は人物などの設定がさほど細かくないので，聞き手二人をまとめてしまう形で'先生方'と呼ぶのも可能に見えるが，実際に個別性が高くなり聞き手二人をまとめてしまえない状況だと'先生方'とは呼べなくなっていくのではないだろうか。

詞は 3. 節で議論したように,「指示物の数とそのカテゴリー」という情報を聞き手に伝えて,それをもとに聞き手が指示物を追跡する。両者の違いは,指示物を話し手が直接指示するか,聞き手が間接的に追跡して決定するかの違いである。

また,'二人' には 'お二人' という対応する丁寧な形があるが,人称代名詞には対応する丁寧形がない。丁寧形があることで初対面の人や目上の人に対しても使用が可能になり,'あなた' という人称代名詞よりも使用しやすくなるのではないかという考え方もできるだろう。しかし 'お' を付けなくても数量詞だけで失礼さを避けることはできる。

(38) (職場の同僚 '真仁田さんと松島さん' に町でばったり会ったとき)
「(? あなた／真仁田さんと松島さん／二人) がこんなところにいるなんて珍しいですね」

つまり丁寧形を持つことが主要因になって失礼さを避けられるのではなく,数量詞だけでも 'あなた' の持つ違和感を避けることができるということである。これはやはり,間接的な追跡であるという仮説 (28) から説明ができるであろう。

5. 本章 I 部のまとめ

本章 I 部では,これまではっきりと定義されていなかった数量詞代名詞的用法に定義付けを行い,その機能を持つプロセスを考察した上で,人称代名詞との違いを指摘した。そこでは数量詞代名詞的用法は,聞き手が受け取った情報から指示物を追跡するという間接性によって,直接指示する代名詞の使い難さを避けると結論付けた。

今後の課題としてあげられるのは,2. 節で触れた制約についてである。まず,2.1 で触れたように,数詞には制約があり,'一' は使用できず '二' の使用が多くなるということであった。また,'三以上' でも使用例が途端に少な

くなるということであった。特に今回扱ったものの中でも，二人称の用法では'一'はもちろん用例がないが，相手が三人以上になっても用例が見つからなかった。これは，'お二人'は言えるが，'お三人'[8]'お四人'が言いにくいのと関連するであろう。「三人はあっちへ行って，四人はここを手伝え！」というような，命令的な状況では，'三以上'も使用可能であるが，今回扱ったような対話の状況とは少し違いがあるように感じる。'三以上'については今後の課題としたいが，'一'については章を改め次の第8章で詳しく論じる。

また，2.2で触れたように数量詞代名詞的用法には，指示詞を付加しなければならない場合といらない場合がある。用例を見ていくと，指示詞だけでなく人称代名詞も同じように付加されることがある。指示詞や人称代名詞といった場指示語の付加に関わる条件は本章第II部で詳しく論じる。

---

8 'お三方'という言い方はあるが，何か独特のニュアンスが感じられる。例えば，筆者が口頭試問において，論文の査読者三人に「お三方には感謝しています。」とは言いにくいのではないだろうか。少なくとも'お二人'と同じレベルでは論じることができないと考える。

II 部　日本語数量詞の代名詞的用法と場指示語[9]

1. はじめに

　日本語の数量詞が代名詞のように使用されることはすでにI部で指摘した。これを数量詞の指示物追跡と呼んだが，ここでは，指示物追跡に付加される場指示語 (deictic words) について掘り下げて論じたい。

1.1　指示物の個体性

　まず照応表現と直示表現の例を一つずつあげたい。

(1) （先行文脈で野口と秦という人物が出てきている）いかに優秀だとはいえ，医院では二人は最も後輩であったから，雑用も多かった。（落日）
(2) （女性→聞き手二人への発話）「待って！！」「二人には言わなかったけど，ベイマーさんには村に下って，雪崩のことを知らせるようにお願いしたんです。」「すべて私の責任です。」　　　　　　　　　　（マスタ）

I部の 3.1, 3.2 で述べたように，(1)の例における'二人'という数量詞は，'二'という「指示物の数」と，'人'という「指示物のカテゴリー」から聞き手が解釈を行い，指示物を特定するというものであった。つまり，'二人'という数量詞自体が指示物を指し示す機能を持っているわけではないのである。よって指示物を特定できるかどうかは文脈などの要素が関わってくることはすでに指摘した。

　(1)で'二人'が追跡しているのは，小説の主人公とその同僚である。つまり，主人公は話題において個体性が非常に高く，聞き手(読み手)にとっても指示物が追跡しやすい。(2)の場合も，現場に存在する聞き手二人を指しているので，この場合も指示物が何であるか明白である。このように文脈にお

---

[9] 場指示語 (deictic words) は，本章において，主に指示詞と人称代名詞の上位概念として用いる。

ける個体性というものがこの数量詞代名詞的用法に関わっているのではないだろうか。ここで言う個体性というのは一種の卓立性である。

1.2　代名詞的用法と場指示語

多くの場合，数量詞代名詞的用法は (1) (2) のように裸で用いられる。これは裸でも聞き手が指示物を的確に追跡できることを意味している。では，数量詞が裸ではないとき，どういう形で使われるのであろうか。例えば，(3) のような実験説明の書き出しや，(4) のように突然話題が変わったときなど，数量詞は裸では使われなくなることがある。

(3)　（実験の説明）
　　　①まず，現地協力者を二人探し出し，この二人に同じ方向を向いて隣同士に座ってもらう。
　　　②その二人の間についたてを置き，お互いが見えないように視界をさえぎる。
　　　③男の人と木のさまざまな位置関係を写した12枚の写真を用意し，二人に同じものを一組ずつ渡して，…。これで，二人の前には，写真がバラバラになって置かれていることになる。…　　　　（右や左）

(4)　（流転の後主人公が船に乗って大陸を去るシーン）
　　　それにしても，あとにした中国大陸には，日清戦争以来，どれほどの中国人と日本人の血が流されてきたのでしょうか。なぜ，日本人は中国人と手を結んで仲よくしようとはしなかったのでしょうか…。
　　　私には慧生と嫮生という二人の娘がいます。その二人には中国と日本の血が流れています。私は日本に帰ってこの二人の娘をしっかり育てていこうと決意しました。　　　　　　　　　　　　　　　（流転）

(3) は実験説明の書き出しで，「現地協力者が二人必要である。」と述べた後，それを数量詞で追跡しているが，はじめは'この二人''その二人'という指示詞付きの数量詞が用いられ，それ以降は'二人'という裸の形式が使われ

ている。また(4)は，主人公が中国大陸を離れるときに戦争についての感想を述べてから，話題を転換して子供の話をしている。その話題が変わった後に，指示詞付きの数量詞が使われている。両者に共通しているのは，話題としての定着度が低いときに指示詞が使われているということである。II部の1.1で述べたように，数量詞代名詞的用法には指示物の個体性が関わっていると考えると，個体性が低いときには，裸では指示物を追跡できなくなり指示詞が付加されると言えそうである。3.節で詳しく見ていくが，用例を集めてみると，指示詞だけではなく人称代名詞も数量詞と共に使用され，指示詞と同じような機能を持っているように見える。指示詞だけでなく人称代名詞も関わっているということが，本章II部のタイトルに'場指示語'という言葉を使ったゆえんである。

ここで扱う場指示語の存在は必ずしも必須のものではなく，例えば上の(3)(4)の例文において，指示詞を取り去ってもさほど違和感はない。ここから先の議論では，場指示語が必須のものもあればそうでないものも出てくる。必須ではないものに関しては，なくてもいいのになぜここで場指示語が使われるのかという立場で議論を進めていく。実例に関して，説明を加えていくのが目的であり，完全に使用を予測するものではない。

1.3 本章II部の目的と仮説

II部では，先行研究の指摘や実例をもとに，数量詞の代名詞的用法が裸で用いられる場合と場指示語が付加される場合，その違いはどのように説明ができるのかを見ていく。よって本章II部の目的は，場指示語の付加に関わる条件を明らかにすることである。以後は場指示語が付加されるかどうかの違いのみに注目し，指示詞'こそあ'の違いなどは議論の対象とせずに進めていきたい。

場指示語には'指示物を取り立てて個体性を高める機能'があると仮定して議論を進める。これを本稿では取り立て機能と呼ぶ。指示詞にこのような機能があることは，フランス語の指示詞の研究ですでに指摘されている。フランス語の「指示形容詞 ce + N」についての指摘を引用する。

> つまり，ceN は，未だ指示対象としての資格が確立されていない名詞
> 句を繰り返す時に用いられると考えられる。つまり ceN は先行文脈の中
> からある名詞句を"取り立て"るのである。　　　　　（春木 1986: 19）

この指摘が日本語にも当てはまるということを，数量詞の代名詞的用法を考察することで明らかにしたい。ここまでの議論を仮説として以下に提示する。

(5) 　本章 II 部の仮説：数量詞代名詞的用法に付加される場指示語は，取り立て機能で説明ができる

なおここで言う取り立て機能とは，topicalization[10] のことであり，一般に取り立て詞と言われるものの機能とは異なる。「は，も，こそ，さえ」などの取り立て詞は，様々な語に付加し，主題，対比，強調，評価といった機能を与えるものである[11]。それに対して，本稿で扱う取り立て機能は，取り立てるプロセスに関わるものである。1.2で見たように，話題として定着度が低いときに指示詞が付加されていた。つまり，数量詞が裸では指示物を追跡できないような状況で使われて，その指示物の個体性を上げるというのが，本稿で言う取り立て機能である。機能が異なるので，場指示語と取り立て詞は「この二人は」「僕ら二人こそ」というように共起可能である。

1.4　場指示語について

　脚注9で触れているが，場指示語 (deictic words) とは指示詞と代名詞の上位概念として，本章では用いている。指示詞も代名詞も 'deictic' であるという点において共通しているが，「この二人」と「僕ら二人」を同一のものとして扱うことに関しては異論が出る可能性があるだろう。ここでは，本章での

---

[10] 本稿における topicalization とは，Givón(1983) などで使われている topic (文の中で際立ちを与えられているもの) の概念に基づく。

[11] 澤田(2000)では，取り立て詞において「とりたて」という用語を研究者がどのように創出し，使用してきたかを概観している。

立場を述べておきたい。

「この二人」と「僕ら二人」というのは，それぞれ「指示詞＋数量詞」と「人称代名詞＋数量詞」である。「指示詞＋数量詞」に関しては，指示詞が連体の形をしており，数量詞との修飾関係が明らかである。よって，(6)のように指示詞の部分だけで助詞に接続しても文は作れない。それに対して人称代名詞は連体形がないということもあり，(7)のようにそのまま助詞に接続できる形である。つまり，形式としてはNQC型であり，後ろに来る数量詞との修飾関係がわからない。

(6)　　この二人は仲がいいですね。
(6′)　　*このは仲がいいですね。
(7)　　僕ら二人は仲がいいですよ。
(7′)　　僕らは仲がいいですよ。

本章ではこういった統語的な相違点は認めつつも，機能的に見ると同じものであるという立場で議論を進めていきたい。その機能というのは1.3でも述べた'指示物を取り立てて個体性を高める機能'のことである。(8)(9)の例を見ると，どれも同一談話内において数量詞が単独で用いられたり，指示詞や人称代名詞が付加されたりしている。取り立て機能については，これから検討していくが，ここでは，指示詞も人称代名詞も同じ談話内で数量詞に付加したり消えたりするという点で共通していることを確認しておきたい。

「指示詞＋数量詞」
(8a)　　ジュリアス「お母さんには頼りになる騎士が二人もいるじゃないか。」
　　　　母「ああ…あの二人…大切な幼馴染をトラブルに巻き込むわけにはいかないわ。」　　　　　　　　　　　　　　　　　　　　　　　（マスタ）
(8b)　　キートン「(写真を見ながら)この二人の身元はわかりましたか？」
　　　　シュルツ「ああ，二人とも殺されたベルガーの釣り船屋の客だっ

　　　　　　　　　　　　　　　　　　　　　1.　はじめに　｜ 149

　　　　　た。」　　　　　　　　　　　　　　　　　（マスタ）
「人称代名詞＋数量詞」
(9a)　　百合子「お父さん，おじいちゃん，<u>あなた達二人</u>には共通の欠点が
　　　　あります！！」「<u>二人</u>とも，奥さんに逃げられ，そのくせ今でもそ
　　　　の女性に未練タラタラ！！」　　　　　　　（マスタ）
(9b)　　ジーン「社長はパリの本部長に<u>私達三人</u>の誰かをすえるつもり
　　　　よ。」…
　　　　ブライアン「まさか，登山で人事を決めるなんて…」
　　　　ウォルター「…あの社長のやりそうなことだ。<u>三人</u>はライバルって
　　　　わけさ，ハハハハ。」　　　　　　　　　　（マスタ）

　もう一つ確認したいのは，「場指示語＋数量詞」の主従関係についてである。「指示詞＋数量詞」の例は修飾関係を見れば，数量詞に指示詞が付いたものだということは明らかであろう。だが，「人称代名詞＋数量詞」ではどうだろうか。(9ab)のような実例を集めて見ていくと，談話内で消えるのは人称代名詞の方だということがわかる。「人称代名詞＋数量詞」なら複数回使われるときに数量詞が落ちるということがあってもよさそうであるが，(9a)で‘あなた達二人’という形で用いられていた代名詞が二回目には‘二人’になっているように，‘あなた達’が落ちている。(9b)もそうである。実際には「人称代名詞＋数量詞」で導入されたものが，直後に数量詞だけ落ちて人称代名詞が残るという例は見つからない。I 部の 4.1 で紹介した Hinds (1975) が指摘しているように，代名詞が複数回使われることは好まれないという仮説からも説明はできると思うが，ここでは数量詞に人称代名詞が付加されているのであり，代名詞に数量詞が付加されているのではないということを確認しておきたい。

　比較的長い談話を通じて数量詞代名詞的用法が用いられると，「人称代名詞＋数量詞」が使用された直後は数量詞だけで指示物を追跡しているが，談話が進んでいくと人称代名詞との交代が起こることもある。

(10)「私には二人の親友がいた。」「ミハイルとニコライというモスクワのレーニン記念第一一七学校時代からの親友だ。」「ニコライは陽気な性格で，いつも冗談を飛ばしていた。」「それに対してミハイルは物静かだったが意志が強く，忍耐力のある奴だった。」「そして私…<u>私達三人</u>はいつも一緒だった。」…「<u>私達三人</u>はナタリア先生にすっかり夢中になった。そして，<u>三人</u>はそれぞれ思いをつづった手紙を先生に送った。」「ある日の放課後，先生は<u>三人</u>を教室に呼び，<u>私達</u>に言った。」…「<u>私達</u>はその言葉を受けて，先生の名において誓いをたてた。」…「<u>三人</u>は別々の道を歩むことになったが，誓いは<u>三人</u>を結ぶ強い絆となっていった。」　　　　　　　　　　　　　　　　　（マスタ）

(10)では，「私達三人→三人→私達→三人」という交代をしている。ただ，この例も'私達三人'の直後に'三人'が使用されている点において，(9ab)の例と同じであり，また，全体としては'三人'が多用されていることから，数量詞に人称代名詞が付加されているという本章での立場は変わらない。これは人称代名詞が比較的使いやすい一人称の'私達'であることも関わっていると考えられる。

2. 指示詞による取り立て

　照応表現や一部の直示表現においては，指示詞が個体性を上げるために使われる。ここでは具体的に指示詞の付加に関する条件を見ていく。

2.1　人間名詞以外の指示物

　I部の2.2で指摘したように，「人，匹，個，つ，本，冊…」という様々な助数詞の中で，数量詞代名詞的用法で使用されるのは圧倒的に'人'という助数詞である。先行研究でもこの点は指摘されており，会話の中で話題になりやすいからだとされていた。助数詞'人'が圧倒的に使用されるという事実からも，人間名詞とその他の名詞の違いは明らかであるが，更に Downing

(1986)では，人間名詞以外を表す助数詞が使われるときは指示詞を伴うという指摘をしていた。一概には言えないが，確かに'人'以外の指示物を数量詞が追跡するときは指示詞を伴っており，伴っていなかったとしても理由は説明可能である。

(11) 荷造りをほどいて中を改めると，第一の梱包からは二十数着のオーバー，第二の梱包からは百数十点の子ども服，第三の梱包からは五十数点の婦人服が出て来た。…ぼくをさえ欺いて，全国あて数十の梱包の中に，この三個をしのび込ませておいたのだ！　　　（モッキン）

(12) こうした工業製品を作ると同時に，文化を維持することは大変難しいはずだが，興味深いことに，日本はこの二つを両立させている。
（朝 03.4.2）

(13) 野生の日本猿の生態研究におけるパイオニア的な存在である京都大学の伊谷純一郎氏に，今では古典的名著となった『高崎山のサル』という著書がある。この研究に続いて，水原洋城氏の帝釈峡の野生猿を調査した報告が『ニホンザル』として出版されている。この二冊を比べて読むと，…　　　　　　　　　　　　　　　　　　（教養）

(14) 我が家に2匹のネコが遊びに来ます。（野良さんです）寝る場所などを用意してあげたら毎日2匹で寝に帰ってくるようになりました。行動をいつも一緒にしているのですが，この2匹の関係は何なのでしょうか？？　　　　　　　　　　　　　　　　　　　　（ネット：はてな）

もちろん，'人'がすべて裸で使われるというわけではないが，人間以外の助数詞の場合，指示詞が使われない例はほんのわずかである。収集した例では'匹'に限られている。

(15) 「ようし，3びき　いっぺんに　くってやるぞ。」　　（3匹のこぶた）
(16) 「2匹は本当に仲がいい」

(15)のように，動物が主人公になっているお話での使用はすでにⅠ部2.2で指摘した通りであるが，ペット愛好家のブログなどを見ていると，(16)のように裸で代名詞的に使用されている例が非常に多い。そこではペットを人間に準ずるものとして扱っているわけで，指示詞の付加はそういった認識主体の主観によって左右されるものである。

　ここであげた例は，指示詞がないと文が成立しないというほど必須のものではない。ただ，人間名詞とその他の名詞ではそれらを追跡する助数詞によって指示詞の付加が説明できるという全体的な傾向をここで指摘しておきたい。また，人間以外の指示物を表す助数詞'匹'でも，人間に準ずる扱いをしている場合は指示詞が付加されないことも確認した。

2.2 現場に存在しない指示物

　ここで数量詞代名詞的用法の直示表現(三人称)の例を見たい。裸の例と指示詞が付いた例を比べてみると，追跡する指示物が現場にいるかどうかが指示詞の付加に関わっているように考えられる。指示詞が付くときは現場にいない指示物で，付かないときには現場にいる指示物を追跡すると考えると実例がうまく説明できる。(17)は現場にいる指示物の例，(18)は現場にいない指示物の例である。

(17)　(女性→ベイマーへの発話)
　　　「ベイマーさん，今度は二人を手伝って！！」　　　　　(マスタ)
(18)　夫「結局お父さんと柳沢君は同じタイプなんだよ。どっちも職人だし
　　　自分の世界をもってるし，だからぶつかるんだと思うな，逆にね」
　　　妻「そうかもしれないね」
　　　夫「僕に言わせれば　似たもの同士だな　あの二人は」　　(みんな)

(17)において現場には，発話者の女性と，女性の主人，物語の主人公キートン，そして聞き手のベイマーがいる。当然，この'二人'というのは，現場にいる'女性の主人とキートン'を指す。(18)の例は夫と妻の会話で，その

場にいない 'お父さんと柳沢君' について話し合っているシーンである。同様に，現場にいない三人称の指示物に，指示詞が付加される例は多く見つかる。

(19) （現場に不在の男女2人について話している）
　　　「実はね　私偶然聞いちゃったんです　<u>あの2人</u>がクリスマスイブの日に　会う約束をしているのを……」　　　　　　　　　　　　（島）
(20) （発話者は日本にいる）
　　　「フィリピンには樫村と島がいる…<u>あの2人</u>なら　うまくやってくれるだろう…」　　　　　　　　　　　　　　　　　　　　　　　　　（島）
(21) （クラスでお別れ会をしている最中の学生のセリフ）
　　　「<u>あの三人</u>授業おわったとたん　すっとんで帰っちゃったよ。」（こちら）
(22=(8a))（現場には母と子供だけがいる）
　　　ジュリアス「お母さんには頼りになる騎士が二人もいるじゃないか。」
　　　母「ああ…<u>あの二人</u>…大切な幼馴染をトラブルに巻き込むわけにはいかないわ。」
(23) （離れたところにいるキートンと父を見ながら）
　　　男性「<u>あの二人</u>，水を上までひいちまったぞ。」　　　　　　（マスタ）

(19)(20)(21)(22)はすべて，現場にいない三人称の例である。すべてに指示詞 'あの' が付加されている。(23)については現場から遠く離れたところにいる指示物の例で，他の例とは少し異なるが，発話現場にいないということに変わりはない。よって，他と同様に指示詞が付加される。ここであげている例も，(17)に指示詞があってはいけないとか，(18)(19)(20)(21)(22)(23)に指示詞がなくてはいけないというような必須条件ではない。ただ，実例の傾向を捉えた上で，現場での存否を考慮すればうまく説明できるのではないかということを指摘したい。

　現場にいないだけでなく，すでに指示物が死亡している場合も同様に指示詞が付加されることが多い。

(24) 「私はダッドン沼で発見された男女の死因を調べにこの町に来たんだ。」「あの二人は，君のおじいさんが釣りをしていた辺りで消息を絶ったのに，方向違いのダッドン沼で発見された。」　　（マスタ）

2.3 役割指示

金水(1989)は役割を指示する場合には日本語の代名詞が受けられないという指摘をしている。役割指示というのは特定の個体を指示しないものであり，(25)の例があげられている。

(25) 最高裁においては，一人の判事が二〇歳以下である。一九三六年には，*彼／その判事はカリフォルニア出身であった。　　（金水 1989）

この例文の前半が表しているのは，最高裁の判事の構成についてである。この決まりによると，常に最高裁には20歳以下の判事が一人いることになる。例文の前半にある'判事'は誰か特定の人を指しているのではなく，値のない判事について述べている。その値のない判事を代名詞で受けることはできない。

金水(1989)のこの例文における論点は，代名詞の使用に制限があるということであるが，数量詞代名詞的用法の使用についても何か制限がありそうである。I部の2.1で述べたように，'一'の場合は数量詞を代名詞的に使用できないので，例文を'二'に変えてみると代名詞的な使用が可能になる。ここでは指示詞が付加されないと違和感が出てくる。

(25′) 最高裁においては，二人の判事が二〇歳以下である。一九三六年には，*彼ら／?二人／その二人はカリフォルニア出身であった。

この例における指示詞は，前の文脈の中から'二人'を取り出してきて，役割として提示している。ここで，以下のように特定の個体を追跡する例文に変えてみると，裸の数量詞でも許容度が上がるのではないだろうか。

(26)　現在最高裁には，カリフォルニア出身の判事が二人いる。二人／その二人はどちらも女性である。

以上の例から，役割指示というのも指示詞の付加に関わる要因としてあげられるのではないだろうか。

2.4　未知の指示物

　田窪(1989)，田窪・木村(1997)などでは，日本語の三人称代名詞の使用に関わる制限として，対話の始まる前から話し手，聞き手に共通の要素か，現場で指し得る要素でなければならないことをあげている。

(27) A　僕の友人には田中というのがいます。英語がよくできるので，この仕事にピッタリだと思うんですが。
　　 B　(その人／この人／*彼／*あの人)は独身ですか。じゃ，その田中という人に頼んでください。
　　　　　　　　　　　　　　　　　　　　　　　　　　（田窪 1989）

(27)の例では，代名詞の使用制限と，指示詞(こそあ)の違いについても言及している。本章は指示詞(こそあ)の違いについて考察するものではないので，指示詞が付加されるかどうかだけに注目して，以下議論を進める。I部の2.2で指摘したことであるが，指示物が'二人'になるような例を作ってみると，やはり裸の数量詞だけではすわりが悪くなる。

(28)　甲：　ドイツ語のできる人を探しているんですが。
　　　乙：　それならうちの科にいますよ，西尾君と桜井君。
　　　甲：?彼ら／?二人／その二人，通訳したことあります？
　　　　　　　　　　　　　　（田窪・木村 1997の例文をもとに作成）

話し手のよく知っている指示物だと，裸の数量詞でもかなり許容度が高まるのではないだろうか。

(29) （夫婦の間に子供が二人いる）
　　　夫「ただいま。」
　　　妻「おかえりなさい。」
　　　夫「あの二人／二人は元気にしてた？」

　指示物が未知かどうかというのは，はっきりと二分できるものではなく，程度に差がある。(28)は指示物を全く知らない例で，(29)は指示物を非常によく知っている例であり，どちらも極端な例である。実際の例では，これほどはっきりしているものばかりではない。ただ，この極端な例を比べてみる限りにおいては，指示物について未知かどうかというのも，指示詞の付加に関わる要因として認めてもよさそうである。
　(30)の例は，どちらも指示物を知っているが知識に差があるというような例である。ここでは知識が多い方が裸の数量詞を使うという形で会話が進行していく。

(30)　ダニエル「四年前のSAS（英国特殊空挺部隊）のベイリー，ウッズ事件覚えているか？　キートン。」
　　　キートン「ああ，覚えてるよ。」「二人ともフォークランド戦争の英雄だ。」
　　　ダニエル「そう，その二人が何をとち狂ったか，オマーンに赴任した時パキスタンからの麻薬密輸に手を出した。」「五十万ポンド稼いでジブラルタルまで運んだところで事件発覚…」
　　　キートン「そこで二人はMP数人を虐殺して逃亡中……」「俺も腹減ったな，何か食おうかなあ。」
　　　ダニエル「その二人が秘かにこの国に舞い戻ったらしい。」（マスタ）

　この会話をしている，キートンとダニエルは'二人'が追跡しているベイリーとウッズを知っているが，親友であるというような深い関係ではない。ただ，キートンは元SAS（英国特殊空挺部隊）の隊員という設定なので，この

話題の'二人'をダニエルよりは詳しく知っている。つまり，キートンの方が'二人'に対する知識が多いわけである。知識量の差を考慮すると，この会話における指示詞の付加をうまく説明できるのではないだろうか。

2.5 個体性との関係

2.1 で論じた助数詞'人'の優位性は，人間は動物やものに比べて個体性が高いということで説明ができる。言語を発するのが人間である以上，人間が話題になりやすいのは当然である[12]。2.2，2.3，2.4 で論じた，現場に存在しない指示物，役割指示，未知の指示物などは，大きくまとめると抽象的な存在ということができる。2.2 の現場に存在しない指示物は目に見えないわけで，現場にある指示物よりも具体性に欠けるであろうし，2.3 の役割指示は，特定の指示物を持たないわけであるから，これも具体性に欠ける。そこでは指示物が何なのかというイメージがかなりぼやけてしまう。また，2.4 で論じた未知の指示物についても同じで，話し手が指示物自体を知らないのであるから，具体的に指示物を捉えることはできない。どの場合も，抽象的な指示物に指示詞が付いて取り立てているということができる。指示物が抽象的であるから，個体性が低くなり何か取り立てるマーカーが必要になってくるのである[13]。

3. 人称代名詞による取り立て

ここまでは指示詞による取り立てを見てきた。ここでは指示詞以外にも人称代名詞が直示表現において同じような機能を果たすということを見ていく。

---

[12] 言語表現において，人間を際立たせる仕組みがあるということは多くの研究で指摘されている。金水（2005）ではこれを人間の言語的卓立性として，日本語の例を詳しく論じている。

[13] 人間名詞は他の名詞より個体性が高いことや，具体名詞は抽象名詞より個体性が高いことは Hopper and Thompson (1980) で指摘されている。

3.1 人称代名詞の使用

　照応表現と三人称の直示表現において数量詞代名詞的用法には指示詞が付加されることを 2.節で見てきた。では他の直示表現ではどうなるのだろうか。ここでは人称代名詞が指示詞と同じような機能を持つことを見ていく。直示表現の一・二人称で数量詞代名詞的用法が使われるときに，指示詞が付く例はなかなか見つからない。以下のように裸で使われている例が多い。

(31)　一人称（ナラダッタからタッタとチャプラの母への発話）
　　　「きょうじゅうにたべものと水が見つからなければ<u>三人</u>ともゆき倒れだ」　　　　　　　　　　　　　　　　　　　　　　　（ブッダ）
(32)　二人称（キートンからモレル，アンダスンへの発話）
　　　キートン「とにかく<u>二人</u>は，ライバル同士って訳ですね。」（マスタ）

しかし裸で使われないとき，指示詞の代わりに，'私達○人''俺達○人'というように人称代名詞が付加される場合がある。

(33)　「そんな男は<u>俺達２人</u>とも知らないわけだし…」　　　（島）

このように指示物が一人称を含むとき，人称代名詞が付加される例が多い。しかし，二人称になるとかなり制限が出てくる。例えば，(34)(35)のように上下関係の上から下へ使う場合や，非常に親しい間柄の例である(36)のような場合である。結果的に二人称では裸の使用が多くなっている。

(34)　（社長から社員三人への発話）
　　　「<u>君達三人</u>は私の期待以上の業績をあげてくれた。」　（マスタ）
(35)　（4人のやくざが来て，親分のセリフ）
　　　「それじゃ<u>お前ら二人</u>で十分だろ，かたづけてこい。」　（マスタ）
(36=(9a))　百合子「お父さん，おじいちゃん，<u>あなた達二人</u>には共通の欠

点があります！！」

　また，三人称の直示表現では(37)のように指示詞と共に使われ，人称代名詞が付加される例はほとんどない。

(37=(23))　（離れたところにいるキートンと父を見ながら）
　　　　　男性「あの二人，水を上までひいちまったぞ。」
　　　　　女性「これでまたわさびが作れるねえ。」

2.2であげた例のように，三人称は裸ではないとき，「指示詞＋数量詞」という形で用いられることが圧倒的に多い。ここまで述べてきたことは集めたデータから言える傾向を指摘したのみである。よって，ここまで見てきた例に関して，一，二人称の例で絶対に指示詞が付加できないわけではないし，三人称を人称代名詞で置き換えることができないわけではない。

(33′)　?「そんな男はこの２人（が）知らないわけだし…」
(34′)　（社長から社員三人への発話）
　　　 ??「この三人は私の期待以上の業績をあげてくれた。」
(37′)　男性
　　　 ?「彼ら二人（が），水を上までひいちまったぞ。」

(33′)(37′)に関しては例文の許容度を上げるために助詞'が'を加えてある。それぞれもとの例文と比べると，少しすわりの悪さがあり，また明らかにもとの文とニュアンスが違ってくる。ここではこれらのニュアンスの違いを細かく論じる余裕はないが，直示表現における場指示語の使い分けは非常に興味深い。
　ここでは集めたデータから，直示表現の一人称・二人称では基本的に裸のままで使用されており，必要なときは指示詞の代わりに人称代名詞が用いられること，また，三人称が裸でないときは「指示詞＋数量詞」という形にな

ることの二点を指摘しておきたい。照応表現の例では基本的に指示詞を付加していたことと対照的である。以上をまとめると表1のようになる。

表1 数量詞代名詞的用法に付加される場指示語

	一人称	二人称	三人称
直示表現	人称代名詞 （指示詞）	人称代名詞［制限付］ （指示詞）	指示詞 （人称代名詞）

　表1を見ると，二人称では人称代名詞の付加に関して制限があり，三人称では指示詞が付加されるので，共に人称代名詞が付加されることはあまりない。日本語の二人称代名詞自体にも使用制限があり（金田一1988，三輪2005など），三人称代名詞も同様に制限があるという指摘（金水1989）がされている。その制限が「二・三人称代名詞＋数量詞」の使用を減らしている原因の一つではないだろうか。結果的に「人称代名詞＋数量詞」の形で使われることが比較的多いのは一人称の例である。以後，一人称の例に絞って見ていく。

3.2　範囲指定による取り立て

　一人称の複数が(38)のように使用されている場合，現場にいる参加者を全部含むなら数量詞は裸で使われることが多い。例文をここに再掲する。

(38=(31))　一人称（ナラダッタからタッタとチャプラの母への発話）
　　　　「きょうじゅうにたべものと水が見つからなければ三人ともゆき倒れだ」

(38)の例は話し手が聞き手二人を包む形で'三人'という数量詞を使っている。(39)の例も同じく現場には二人だけしかいない状況での発話である。

(39)「ああ，君が"マンマー！！"って叫んだのは，二人だけの秘密だよ。」
　　　　　　　　　　　　　　　　　　　　　　　　　　　（マスタ）

ここまでの例に共通するのは現場にいる人の数と使用される数詞の数が同じであることであった。では，現場にいる参加者の数を基準とし，その全部を含まない場合はどうなるのだろうか。例えば，現場にいる参加者の一部しか含まないときは，以下のような人称代名詞を付加された例が見つかる。

(40) (場面には三人の参加者がいる：ダニエルからサムへの発話)
ダニエル「いや，美女にビールは似合わない，カクテルだ。」「サム，マティニをくれ。俺とこちらのレディにはベルモットを多めにな。」
サム「かしこまりました。」
(ダニエルはルイーズの方を向く)
ダニエル「<u>僕達二人</u>に苦味は用がないからね。」
ルイーズ「え…ええ」　　　　　　　　　　　　　　　　　（マスタ）

(41) (現場には沢山の部員がいる)
「へへへ」「まあ　当分は<u>俺達三人</u>のカベは破れねえだろうけどな」
　　　　　　　　　　　　　　　　　　　　　　　　　　　　（柔道）

(42) (グランドにたくさんの野球部員がいる)
「わかったか！　婦警チームなんか<u>わしら3人</u>でも勝てるぞ」（こちら）

(40)では，ダニエル，サム，ルイーズという三人が現場にいて，その中の二人だけを取り出しているのが‘僕達二人’になる。(41)は，柔道場で練習している場面である。たくさんいる部員の中から，‘俺達三人’を取り出している。また，(42)では大勢の野球部員の中から‘わしら3人’を取り出している。

実際の現場にいる参加者ではなくても，想定した数の中から数人を取り出すタイプの例もたくさん見つかり，同じように取り出しで説明ができる。

(43) ブレンダ「大丈夫よ，やり直しましょう！」「<u>私達二人</u>でもう一度…」「あなたならできるわ。」
モリスン「ブレンダ…」「君と一緒になっても仕事が元通りになるわけじゃない。」　　　　　　　　　　　　　　　　　　　　　　（マスタ）

(44) 「いざとなったら<u>俺達二人</u>ででも登ろうぜ。」　　　　　（マスタ）
(45) 「<u>オレたち三人</u>で先生にしてあげられることを考えるんだよ。」「クラスのみんなじゃできないことを！…」　　　　　　　　　（こちら）

(43)は今まで大勢でやってきた仕事を'私達二人'でやりなおそうとするシーンであり，会社で働いていた大勢の人を背景として，'二人'を取り出している。(44)は普通大勢で登山チームを組んで登るべき山に'俺達二人'だけで登ろうとするシーンである。(45)はクラスのメンバーを背景として，'オレたち三人'を取り出している。このように，想定される数の中から数詞の数を取り出すときにも，人称代名詞が用いられている。

　反対に，現場にいないものを含む場合も人称代名詞が付加される例が見つかる。このタイプの例はそれほど多くはないが，以下のようなものである。

(46)　（プルマーから子供達に向けての発話）
　　　「<u>私達三人</u>は競馬場で知りあった。コネリーとランドルはすでに友達同士だった。」　　　　　　　　　　　　　　　　　　（マスタ）

ここではプルマーがコネリーとランドルを含めて'私達三人'と言っているが，コネリーとランドルは現場にいない。発話者は自分と，現場にいない二人を加えて，'私達三人'という言い方をしている。また，作者が読み手に語りかける形で進行するタイプの小説も，人称代名詞が付加されていることがある。

(47)　それまでの二年半，<u>ぼくら三人</u>は師に迷惑ばかりかけていた。
　　　　　　　　　　　　　　　　　　　　　　　　　　（モッキン）

このような小説では，現場に誰と誰がいるのかはっきりしないまま代名詞的用法が使われることが多い。(47)の例もそうで，'ぼくら三人'の話し手である'ぼく'以外の二人は，その場にいるのかどうかわからない。このような

例は，現場にいないものを含む(46)の例に準ずるものと考えられる。

　一見反例に見えるかもしれないが，現場にいる参加者の数と同じ数詞でも「人称代名詞＋指示詞」という組み合わせになることがある。3.1 で紹介した例文を再掲する。

(48=(33))「そんな男は俺達2人とも知らないわけだし…」

この文は'とも'が使われていることから明らかなように，'両方とも'といった全体を強調するニュアンスがある。このような強調のニュアンスと相性がいいのは，範囲指定を行うという人称代名詞の機能で説明ができるのではないだろうか。

(49)「世界は僕ら二人のものさ。」

このような(49)の例も範囲を強調するという説明ができるであろう。この発話が現場に'二人'だけの状況でされたとしても，人称代名詞が共に使用されることは考えられる。ここでも強調といった操作が関わっており，それがないときは，やはり現場にいる参加者の数が基準になると考えられる。
　以上見てきたように，現場にいる参加者の数を基準として，現場の一部，または，現場にいない参加者をまとめるときに人称代名詞が使われていると考えると，例がうまく説明できる。そうではない場合も，強調といった意味と一緒に用いられていた。この人称代名詞の機能は，ある部分を範囲指定し，その指定された範囲の中にあるものを取り立てていると言える。現場にいる参加者を全部まとめるなら，わざわざ範囲指定などしなくてもまとまりとして存在しているので，裸のまま数量詞が使われるのである。

3.3　個体性との関係

　ここまで，人称代名詞が数量詞に付加されると，ある一定の範囲を指定することになりその範囲の中を取り立てるという主張をしてきた。そして，そ

こでは現場にいる参加者の数が基準になっていることも見てきた。具体的には，現場にいる参加者の一部しか含まないとき，または現場にいないものを含むときに人称代名詞が付加されるということを指摘した。いずれにせよあらかじめ現場にいる参加者の数という既存の範囲とは違う形で範囲を指定し直し，その範囲内にある指示物の個体性を上げるという点では同じである。

現場にいる参加者というのは，一定の個体性を持っているものと考えられる一方で，現場に不在のものは個体性は低いであろう。2.2 の指示詞の例をもとに 2.5 でも同様の指摘をしてきた。範囲指定による取り立てとは，現場にいる同等の個体性を持ったものの中から，ある部分だけを更に上げる操作，もしくは現場にいなくて個体性の低いものを上げる操作が関わっているということで説明ができるであろう。

4.「指示詞＋名詞」について

ここまで「場指示語＋数量詞」について考察してきた。1.4 でも述べたが，人称代名詞は普通名詞などに付加したりはしないので，「人称代名詞＋数量詞」は数量詞代名詞的用法のみに関わる現象である。しかし，指示詞は以下のように既出の名詞にも付加できる。つまり，同一名詞句の繰り返しの際，指示詞が付加することがある。

(50)　自分が野々宮君であったならば，この妹のために…　　　（三四郎）
(51)　ところがその富士山は天然自然に昔から…　　　（三四郎）
(52)　あの君の知ってる里見という女があるでしょう。　　　（三四郎）

ここでも話題に定着していない指示物の個体性を上げるという取り立て機能で，説明が可能である。

(50′)　自分が野々宮君であったならば，妹のために…
(51′)　ところが富士山は天然自然に昔から…

(52′)　君の知ってる里見という女があるでしょう。

指示詞を取ってみた文と比べるとわかるが，例えば(50)の文を(50′)と比較してみると'妹'の部分の個体性が明らかに違ってくる。

　春木(1986)によると，フランス語の場合は，「指示形容詞 ce + N」と「定冠詞 le + N」との区別という議論の中から，指示詞の取り立て機能という主張が出てきている(1.3参照)。しかし，上の日本語の例を見ていると，どうしても指示詞自体の機能よりも，'こそあ'の違いに注目してしまう事は予想できる。日本語には定冠詞のような指示詞と比較され得る対象がないゆえに，どうしても指示詞内部の使い分けに目が行くのであろう。日本語の指示詞研究において，'こそあ'の区別について膨大な論文が書かれている事実からこれは明らかである。

5. 本章 II 部のまとめ

　ここまで，指示詞や人称代名詞が指示物の取り立てに関わっているという点を示してきた。「指示詞＋数量詞」も「人称代名詞＋数量詞」も，場指示語(deictic words)が数量詞に付加されて指示物の個体性を上げるという点において同じである。「指示詞＋数量詞」は，個体性の低い指示物，具体的には人間以外の指示物や，抽象的な指示物(現場に存在しない指示物，役割指示の指示物，未知の指示物)を数量詞代名詞的用法で追跡するときに使われて，それらの指示物を取り立てる。「人称代名詞＋数量詞」は，現場にいる参加者の一部，または，現場にいない参加者を含むときに使われて，それらを取り立てる。以上の二点が，場指示語の付加に関わる条件である。

　指示詞の取り立て機能は，複数ある指示対象の候補の中から，他より個体性が低い，または同等のものに付いて，その個体性を上げるというものであり，主に照応表現において使われていた。複数の既出の指示物の中から任意のものを取り立てるには，それが'どれ'なのか指示しなければならない。'どれ'を取り立てるか選ぶわけであるから，指示詞が使われることになるの

である。人称代名詞による取り立て機能は，指示詞の取り立てと違い，'僕達' がどの範囲を指すのか示すことで，その範囲内の指示物の個体性を上げるというものであった。人称代名詞は直示表現において，眼前に複数存在する人間の中から範囲指定することを確認した。

　3.1 で指摘したように，直示表現の一，二人称の場合，「人称代名詞＋数量詞」がよく使われており，指示詞を付加してみるとニュアンスが異なった。三人称では逆に「指示詞＋数量詞」が使われており，人称代名詞を付加するとニュアンスが異なる。このように，直示表現における指示詞と人称代名詞の交代については今後の課題としたい。また，II 部では「場指示語＋数量詞」について議論を行ってきたが，4.節で扱った「指示詞＋名詞」についての更なる議論は，今後の課題としたい。

第 8 章

数詞 '一' に関する一考察

　ここまで見てきた数量詞に関わる議論で，数詞が '一' のときだけ振る舞いが異なる現象がたびたびあった。ここではそれらをまとめた上で，どうして '一' は異なった振る舞いをするのかについて論じる。

　本章では '一' という概念には二つのタイプがあるということを述べる。それぞれのタイプを要素包含型，要素取り出し型と呼び，それらのイメージスキーマを提示することで，数詞 '一' に関わる現象を説明できるということを主張する。

1. 数詞 '一' について

　数詞 '一' に関しては，他の数詞と振る舞いが異なるということを指摘している研究がある (Downing 1996, 加藤 [美] 2003, 建石 2006)。小説などから数量表現を集めて論じている研究では，「数『一』は，二以上のかずと比べ，その用法において非常に特殊な位置を占めている。」(加藤 [美] 2003: 51) というような指摘があり，いくつかの興味深い例があげられている。例えば，(不定) 冠詞的な機能として，以下のような例があがっている。

(1)　　京都の下鴨に一軒の寿司屋がある。
　　　 #京都の下鴨に寿司屋が一軒ある。(意味が変わる)　　（加藤 [美] 2003）

QのNC型の例とNCQ型の例を比べると，NCQ型の例は，数を問題にしていることがわかる。「下鴨に寿司屋は何軒あるのか？」を述べるときには「京都の下鴨に寿司屋が一軒ある」というNCQ型を用いるであろう。それに対して上のQのNC型の例は，単に'寿司屋'という名詞を導入している不定冠詞的な意味である。

　この章では，数詞'一'の特殊性を数量詞の出現位置との関わりから論じたい。本稿ではこれまで，様々な数量表現を形式別に扱ってきた。定番4形式については，すでに各章で指摘した現象に新たな例も加えて論じる。その上で数詞を'一'にすると意味・使用状況が変わったり，特殊な意味が付加されたりする現象をここでまとめたい。数量表現ではないが，第7章で扱った代名詞的用法も加えて，数詞'一'の特殊性を論じる。以後本章では，Qの数詞が'一'の場合と'二以上'の場合を分けて論じるが，表記は数詞が'一'の場合は'(1Q)'として，特に何も説明がなければQは'二以上'を表すことにする。

(2)　　本章における表記
　　　　(1Q)のNC型　　　　一人の学生が
　　　　Nの(1Q)C型　　　　学生の一人が
　　　　NC(1Q)型　　　　　学生が一人
　　　　N(1Q)C型　　　　　学生一人が

2. 先行研究と本章の目的

　1.節冒頭で述べた先行研究の指摘をここでまとめたい。(2)で示した形式が本章で考察対象となるものであるが，先行研究の記述対象は，本章で扱う形式と必ずしも同一ではない。

　加藤［美］(2003)では，①冠詞（不定冠詞）的な働きをする場合，②「先行する名詞の表すものただそれだけ」といった意味で用いられる場合，③「ヒトツ」の陳述副詞的な用法，④「ヒトツ」で「同じ」という意味を表す場合といった4つの用法を指摘している。それぞれの例を以下にあげる。

(3=(1))　　京都の下鴨に一軒の寿司屋がある。(①)
(4)　　今の波一つでどこか深いところにながされたのだということを，私たちは言い合わさないでも知ることができたのです。(②)
(5)　　「次の飛行機で帰るんだったら，ひとつお願いがあるんだけど」(③)
(6)　　エビ天も蕎麦もツユも，一つ屋根の下，親子三代和気あいあいといっしょに暮らしている。(④)

この中で③については 'つ' の特殊性が関わっており，'一' だけの問題ではない。この助数詞は抽象的なものを数えることができるため，他の助数詞より使用範囲がずっと広い（眞野 2004）。①②④の用法については 3. 節で詳しく論じる。

　Downing (1996) では，"Special Uses with the Number 'One'" という節を立てて，数詞 '一' については他の数詞とは別に扱っている。そこで指摘されている '一' の用法は，①純個体化 (sheer individuation)，②定阻止 (Definiteness Blocking)，③ぼかし表現 (Hedging) の三つである。
　①の純個体化については，以下のように説明している。

> Pre-Nominal constructions containing the number 'one' are often used in contexts where no numeral-classifier pair is required grammatically, but where the speaker wishes to emphasize the fact that s/he is talking about one instantiated member of the category denoted by the noun.　　（同 : 223）

「名詞カテゴリーの中の一つの例示されたメンバーについて述べているという事実を話し手は強調する」という指摘をした後，以下のような例をあげている（原典の例文はすべてローマ字表記）。

(7)　　私を一人の患者ではなく，なにか実験の物体でも取り扱っているような正確さ，非情さがあった。

ここでの Q は単に「生きている肉体や血液としての自分」という話し手の視点を強調するという説明をしている。また，メタファーに関わる (8) のような例もあげられている。'自分の体' を実物の棒にたとえて，数詞 '一' が比較の焦点として提示されると，メタファーがずっと生き生きとするという説明をしている。

(8) 自分の体が次第に硬直をおこして，一本の棒のようになってゆくのを感じる。

②の定阻止については，指示対象が名詞句のカテゴリー全体を表しているという解釈を避けるためや，聞き手に指示対象を同定させないために数詞 '一' が使われるという説明をしている。前者の例は (9) で後者の例は (10) である。

(9) それが，あたしたちの，おとなの一つのつとめでもあるんですよ。
(10) この家は一人の少女を吸い込んでしまったことを思い浮かべ，その白さが少女を壁に塗りこめたばかりの新しさのような幻覚を持った。

(10) の例はすでに導入されている人物を指示しているが，不定化していると指摘している。

③のぼかし表現については，②のバリエーションであるとして，その理由を両者において Q は referent がただ one member や one type of member に過ぎないという情報を供給するからであるとしている。

(11) 自分がはげてていやだと思って手入れをする，じゃぶじゃぶいろんなものをかけたりするってのはね結局ま，一つの差別構造である，…
(12) 彼は自分には関係のないこれら教授たちの暗闘が明日は一つの峠にかかるのだと考えて，…

建石（2006）では，それまでの研究で指摘されてこなかった数詞'一'の独自性について明確に論じている。そこでは西山（2003）を援用して，非指示的名詞句のときには数量詞'一'しか使えないという主張を行っている。

(13) 私が言ったことはあくまで{意見の一つ／一つの意見／一意見}なので，あまり気にしないでください。
(14) ??私が言ったことと彼が言ったことはあくまで{意見の二つ／二つの意見／二意見}なので，あまり気にしないでください。　　　（建石 2006）

西山（2003）で言う指示的名詞句とは「対象を指示する機能を持つもの」（同：59），非指示的名詞句とは「そのような機能を一切もたないもの」（同：59）とあり，コピュラ文の措定文の述部にくるようなものが非指示的名詞句の一例として紹介されている。非指示的名詞句である(13)の例を見ると，確かに数詞'一'しか使用できない。

　数詞'一'の独自性を指摘した後，建石（2006）は，非指示的名詞句にくるときの数詞'一'が持つ意味とそれが生じる原因を細かく分析している。対象としている形式は(13)の例にある三つのタイプで，それぞれ「Nの＋一＋助数詞」，「一＋助数詞＋の＋N」，「一＋N」と呼んでいる[1]。

　以上のように，数詞'一'の特殊性についてはある程度の指摘がなされている。特に建石（2006）では，それを非指示的名詞句という概念で明示的に説明している。しかし，先行研究では，それぞれの特徴を個別に指摘しているのみで，全体として数詞'一'がどういう共通の特徴を持っているのかという視点は見当たらない。また，非指示的名詞句以外に数詞'一'の独自性はないのであろうか。本章では以後数詞'一'の特殊性を論じるに当たり，まず1.節で述べた定番4形式と代名詞的用法において，数詞'一'が持つ特徴を記述した後，それら全体で共通する特徴を抜き出しどうして数詞'一'がそう

---

[1] 本章では，ここまで扱ってきた形式の中で定番4形式に代名詞的用法を加え，数詞'一'との関わりを論じる。よって，非指示的名詞句にくる数量表現を対象にはしていない。

いった意味を持つことになるのかを考察したい。

　本章の目的：数詞'一'が持つ特徴を記述し，その共通点を明らかにし，
　　　　　　　それらの説明を試みる

3.　'一'と'二以上'の違い

　数詞'一'の特殊性を見るに当たり，バリエーションの最も多い(1Q)のNC
型から始めたい。

3.1　(1Q)のNC型

　(1Q)のNC型については，不定を表す用法，全体性を表す用法，共有の意
味を表す用法という3つの用法がある。以下，それぞれを順に詳しく見てい
く。一つ目は不定を表す用法である。1.節，2.節で紹介した加藤[美](2003)
が指摘していた不定冠詞的な働きのことである。

(15=(1))　　京都の下鴨に一軒の寿司屋がある。

第2章で詳しく論じたように，QのNC型の典型例は定名詞句であるという
ことで説明を試みた。その中で第2章の3.4では旧情報をQのNC型が同定
する例をあげていた。ここに再掲するが，文脈に既出であることを明示する
ためにページ番号を入れてあった。

(16)　（氷海の中に巨大な氷山が二つ浮かんでいる。p. 152）
　　　→何日かして，二つの氷山は各々六機の円盤に鎖で引きずられてやっ
　　　　てきた。p. 155　　　　　　　　　　　　　　　　　（バンド）
(17)　（自転車が三台並べられてあった。p. 30）
　　　→ぼくはいったん納戸を閉めて，ガスレンジを拭き始めたが，そのう
　　　　ち，どうやって三台の自転車を納戸の中に運べたのだろうと考え

た。p. 30　　　　　　　　　　　　　　　　　　（避暑地）
(18)　（劇場の前には幟が数本立っていた。p. 200）
　　　→数本の幟も微かな夕風に敏感に反応し，いまやすっかり生気を蘇らせている。p. 204　　　　　　　　　　　　　　　（モッキン）

　少し前に談話に導入されたNとその数量Qをもう一度言うときは，QのNC型が使われているということであった。これらの例はたくさん見つかることを第2章6.節でも説明しているが，ここで注意したいことは，すべて数詞が'二以上'であるということである。また，指示詞をつけなくても，QのNC型が表す名詞句がすでに導入されている名詞句と同じものを指していることがわかる。数詞が'一'の場合はむしろ新情報として談話に導入されるときに使われている。

(19)　若い刑事は，一枚のぶあつい封筒をぼくに手渡し，…　　（避暑地）
(20)　ガニア「今から百年くらい前の話だ。一人の男がこの近くの海で座礁して村人に命を救われた。」　　　　　　　　　　　（マスタ）
(21)　「（会議の席で）我々総合宣伝課からもひとつのアイディアを持ってます」　　　　　　　　　　　　　　　　　　　　　　　（島）

　少なくとも，(19′)のように一度導入されたNを(1Q)のNC型のみで同定することはできない。ただ，(19″)のように指示詞を付加すれば可能になるが，QのNC型単独で導入済みのNと同定ができる'二以上'の場合とは違いがある。

(19′)　若い刑事はぶあつい封筒を一通ぼくに手渡し，…ぼくは（*一通の手紙／手紙／その手紙）をビリビリに破いた。
(19″)　…ぼくはその一通の手紙をビリビリに破いた。

　これらは，2.節で述べたDowning(1996)による定阻止（Definiteness Blocking）

という表現が適切かもしれない。なぜなら，日本語ではNの導入時に(1Q)のNC型が義務的に使われているわけではないため，英語の不定冠詞とは異なるからである。主題の議論においても，(1Q)のNC型が例文に使われることがある。指し示すものが特定できないときは主題にできないとして以下のような例が（非文として）あげられている。

(22) *一人の男は私に話しかけてきた。　　　　　　（益岡・田窪1992）

　二つ目は全体性を表す用法である。QのNC型数量表現の使用条件に関して，「ある集団のその全体数をQが表す」ことを文脈から理解するタイプがあった（第2章3.3）。そこでの例を再掲すると，以下のように，ある定数を持つ集合を背景として数量表現が用いられていた。

(23)　家内は森財閥の娘だったから，私は自分の会社の千二百人もの社員を救うために，森財閥とつながりを持つしか手だてがなかったんだ。
　　　　　　　　　　　　　　　　　　　　　　　　　　　　（避暑地）
(24)　二十数名の雄雄しき挺身隊員は，数万点のアメリカ衣料を分類し，整理し，梱包し，日本通運の営業所へ運び，数十の孤児院や母子寮へ発送した。　　　　　　　　　　　　　　　　　　　　　　（モッキン）

これらは，Qがある集合の全体数を表すわけであるから，当然‘二以上’でなければならない。ところが，数詞‘一’が使われている例を集めてみても，(1Q)のNC型で「ある個体の全体」という意味を表しているものが見つかる。

(25)　（日本企業で働く外国人を対象に）
　　　「会社でどんな役割を果たしていますか」との問いに対しては，「専門知識を活かす仕事」「一つの事務所を任されている」…　　（ニッポン）
(26)　母は二分間で一人の人間を知り尽したようなつもりになっている。
　　　　　　　　　　　　　　　　　　　　　　　　　　　　（青春）

(27) だが，ありとあらゆる色合いの昆虫や動物で埋め尽くされたその大きな地図は，なんとおぞましい<u>一幅の曼陀羅絵</u>を構築していたことだろう。
(避暑地)

どの例も，'全体として'とか'すべて'といった意味で「ある固体の全体」を表している。(25)については，事務所すべてを任されているという意味で，責任ある地位にあるということをアンケートの答えとして述べているのである。(26)は，短い間にすべてを知ったつもりになっているという意味であり，同様に全体という意味が含意されている。(27)は様々な構成要素を説明した後，それらが全体として一幅の曼陀羅絵を構築しているという意味である。

　ただし，'二以上'と'一'とでは決定的な違いがある。前者の場合QがNの全体数を表しているのに対し，後者はQに数的情報がなく，単に全体性を表すのみである。全体として'一'であるということを示しているに過ぎない。

　このタイプは，それぞれの例をNCQ型にしてもあまり意味の違いは感じられない。

(25′) （日本企業で働く外国人を対象に）
　　「会社でどんな役割を果たしていますか」との問いに対しては，「専門知識を活かす仕事」「事務所を一つ任されている」…
(26′) 母は二分間で<u>人間を一人</u>知り尽したようなつもりになっている。
(27′) だが，ありとあらゆる色合いの昆虫や動物で埋め尽くされたその大きな地図は，なんとおぞましい<u>曼陀羅絵を一幅</u>構築していたことだろう。

'二以上'の例の場合，NCQ型に変えると全体性が消えることは第2章で確認した通りである。よって'一'と'二以上'の違いは明らかである。本章1.節の冒頭で，不定冠詞的な機能（不定用法）はNCQ型になるとなくなってしまうことを先行研究から見た。NCQ型にすると数を問題にしている文になるという指摘であった。これは第1章で見たようにNCQ型はQに焦点を

置くということで説明ができる。しかし，この全体性に関してはNC(1Q)型になっても保持されるのは興味深い。

　また，全体性を表す数詞'一'については，(28)の例のように抽象的な意味での全体性へと拡張している例も見られる。

(28)　目の前で美しい争いを展開している母親と妻の二人を，青洲は憮然として眺めていた。男が割り込むことの出来るものではないことを既に知っていた。自分を産んだ女と，自分の子供を産む女との間の，べっとりした黒いわだかまりには，カスパル流の剪刀さえ役に立たない。耐えきれなくなったとき男には咆哮があるばかりだった。しかし，彼は次第に医者になりつつ女たちの争いを見ていた。そして全く<u>一人の医者</u>になったとき，彼には女の争いは見えず聞えなかった。　　(華岡)

この例は少し長いが，医者になりかけだった彼はまだ医者としての完全体ではなかったのだが，後に一人の完全な医者になるという不完全体から完全体への変化が描かれている。そこでも数詞'一'は抽象的な意味での個体の全体を表しているのである。

　三つ目は共有の意味を表す用法である。2.節で紹介した加藤[美](2003)では，'一'が持つ特殊な意味として'一つ'が'同じ'の意味を表すという指摘をしていた。

(29=(6))　エビ天も蕎麦もツユも，<u>一つ</u>屋根の下，親子三代和気あいあいといっしょに暮らしている。
(30)　…親子揃うて<u>一つ</u>竈の飯食へるものやったら，…　　(加藤[美] 2003)

ここであげられている例は，(1Q)のNC型ではなくQとNが連続しているかなり慣用的なものである。しかも助数詞は'つ'に限られている。しかし'一'という数が'同じ'というニュアンスに関わりやすいということは言えそうである。

その理由として複数の人間が「一つのモノ」に関わると，客観的には「同じ」モノに関わっているといえることが考えられる。この用法は，最近ではあまり使われなくなってきているが，数「一」のもつ興味深い用法として指摘しておく。　　　　　　　　　（加藤[美] 2003: 54）

(1Q)のNC型でも同じような例が見つかる。また'つ'に限ったことではない。そう考えると，最近でも例は見つかる。これらは複数の個体が何か一つの個体を共有しているという意味で共通している。

(31) 戦前と戦後では完全に　世代的な断絶があるが　戦後の人間は今に至るまで<u>１つの流れ</u>でつながっている　　　　　　　　　　（島）
(32) 当店の麺類は<u>一つの釜</u>にて茹であげております。そばアレルギーのお客様はご容赦くださいませ　〈近所のお店に貼ってあった張り紙より〉
(33) 聖ヨハネ祭の日，私とアレクセイエフは，同時に<u>一人の少女</u>に恋をした…　　　　　　　　　　　　　　　　　　　　　　　　（マスタ）

共有の意味を確認するために，(1Q)のNCの前に'同じ'というフレーズを入れてみても意味はあまり変わらずしっくりくる。

(31′) <u>同じ</u>１つの流れでつながっている
(32′) 当店の麺類は<u>同じ</u>一つの釜にて茹であげております
(33′) 同時に<u>同じ</u>一人の少女に恋をした…

大勢のものが何かを共有するとき，それが二つあるということももちろんあり得る。ただ，そういうときに共有のニュアンスが出にくいことは，'同じ'を挿入しにくいことと関連があるのではないだろうか。つまり'二以上'よりも'一'の方が，より共有のニュアンスを持ちやすいのである。

(34) 当店の麺類は<u>(?同じ)二つの釜</u>にて茹であげております。

ここで確認しておきたいことは，(1Q)のNC型において，不定を表す用法とここで扱った共有の意味を表す用法は明らかに性質が異なるということである。不定を表す用法は'同じ'を挿入することができない。

(19′)　若い刑事は，(*同じ)一枚のぶあつい封筒をぼくに手渡し，…
(20′)　ガニア「今から百年くらい前の話だ。(*同じ)一人の男がこの近くの海で座礁して村人に命を救われた。」
(21′)　「(会議の席で)我々総合宣伝課からも(*同じ)ひとつのアイディアを持ってます」

　また，全体性を表す用法とも違うことが以下で確認できる。

(25′)　「会社でどんな役割を果たしていますか」との問いに対しては，「専門知識を活かす仕事」「(*同じ)一つの事務所を任されている」…
(26′)　母は二分間で(*同じ)一人の人間を知り尽したようなつもりになっている。
(27′)　だが，ありとあらゆる色合いの昆虫や動物で埋め尽くされたその大きな地図は，なんとおぞましい(*同じ)一幅の曼陀羅絵を構築していたことだろう。

　ここまでの議論を表にまとめておく。

表1　(1Q)のNC型に関する各種用法

用法	例
不定(定阻止)	一枚のぶあつい封筒をぼくに手渡し，…
全体性	一つの事務所を任されている
共有の意味	一つの釜にて茹であげております

3.2　Nの(1Q)C型

このタイプについては第4章で述べたように，数詞'二以上'と'一'とでは振る舞いが異なる[2]。第4章の議論を簡単に再掲すると，NのQC型は大きく三つのタイプに分けられた。

タイプ1　Nが固有名詞などでQの内訳を説明するもの
(35)　それから<u>米内吉田山本の三人</u>は一緒に朝粥を食って話をした。(山本)

タイプ2　NがQの属性的に解釈できるもの
(36)　五人の内，<u>中年者の三人</u>は大工，左官，足袋屋であった。　　(さぶ)

タイプ3　定のNの部分数をQが表すもの：Nの中のQ
(37)　研究グループでは，教授一人の下で三人の大学院生がそれぞれ別の研究を行っていました。<u>学生の二人</u>は，自宅から大学へ通っており，もう一人も隣のウィスコンシン州から来た人でした。

(ネット：ブログ2)

細かい議論は繰り返さないが，タイプ1とタイプ2はNの数＝Qであるという共通点があった。それに対してタイプ3はNの数＞Qであり，その結果，「Nの中のQ」という読みになる。このタイプは実例が少なく，コーパス的な手法で考察を行ったが，小説をベースとした簡易コーパスで，数が'二以上'の場合，タイプ3が出てこないということはすでに指摘した通りである。(37)の例は，インターネットで探してやっと見つかった例である。ところが，数詞'一'になると途端にタイプ3がたくさん出てくることもすでに指摘した通りである。また逆に言えば，数詞'一'はタイプ1，タイプ2の例がないと言うこともできる。

---

[2] 建石(2006)では，NのQC型を対象にしているわけではないが，非指示的名詞句における「Nの＋一＋助数詞」に関して，同様の指摘がある。

(38) 「ねえ，みどりまだ来ないの？」と，ホステスの一人が苛々した声を
出す。　　　　　　　　　　　　　　　　　　　　　　　　（女社長）
(39) そこで内供は弟子の一人を膳の向うへ坐らせて，飯を食う間中，広さ
一寸長さ二尺ばかりの板で，鼻を持上げていて貰う事にした。　（鼻）
(40) あげくのはてに，女の一人にナイフでメッタ刺しにされ，アパートの
前のドブの中で死んでいたよ…　　　　　　　　　　　　　（マスタ）
(41) 刑事「ああ，そうだよ。マーカムも容疑者の一人にあがっている。」
　　　　　　　　　　　　　　　　　　　　　　　　　　　　（マスタ）

ここにある例はすべてタイプ3のもので，すべて「Nの中のQ」と言い換えられる。タイプ1はQの内訳を列挙するタイプなので，数詞が'一'だと列挙する意味がなくなってしまう。

(35′) *それから米内の一人は一緒に朝粥を食って話をした。

タイプ2については，数詞'一'が使われてもよさそうであるが実際に例がないのは，どうしてもタイプ3の部分数解釈が優先されてしまうので，使用が避けられているのではないだろうか。

(36′)　五人の内，中年者の一人は大工であった。　　（中年者の中の一人）

部分という解釈が出てくるのは数詞'一'の持つ特徴であると考える。その理由については後に4.節で述べる。

3.3　N(1Q)C型

すでに2.節で紹介したが，先行研究で'一'が持つ特殊な意味として'一＋助数詞'が「先行する名詞の表すものただそれだけ」という意味で用いられているということが指摘されている（加藤[美] 2003）。そこでは，NQC型のみに絞って指摘しているわけではなく，NQ(格助詞が後続するものも，述部に

くるものも分けずに扱っている）の順序で，特殊な意味になるとしている。それらは主にデ格で使用されるとしている。

(42=(4))　今の<u>波一つ</u>でどこか深いところにながされたのだということを，私たちは言い合わさないでも知ることができたのです。
(43)　全く，吾八はこの宿に八年で，五十に近い。前の前半は<u>包丁一つで</u>，海岸線の町々を渡り歩いていたのだ。
(44)　おばあちゃんの話しによると，両人とも<u>猿股一枚で</u>，あぐらをかいて，まるで博奕打ちのようだったそうです。　　　（加藤［美］2003）

確かに(45)のようなデ格の例が多いが，「先行する名詞の表すものただそれだけ」という意味を表すものなら(46)(47)のように他の例も見つかる。

(45)　…<u>この数の子1個で</u>1升飲める。　　　　　　　　　　　（島）
(46)　今の仕事も，<u>私一人の</u>力でここまできましたわ。（私＝女性）
　　　　　　　　　　　　　　　　　　　　　　　　　　　　（マスタ）
(47) A　「ったくぜいたくだなあ，高純度のヘロインをそんなに…」
　　　B　「売人に渡せば五千ポンドにはなるぜ。」「<u>女一人</u>を殺すのにもったいねえ。」　　　　　　　　　　　　　　　　　　　　　（マスタ）

「先行する名詞の表すものただそれだけ」という意味なら，'一'に限ったことではなくて，'二'でも文脈次第では表せる。

(48)　<u>女の子2人</u>が夜に外出なんてだめですよ。

ただ，'二以上'よりも'一'の方が，「ただそれだけ」というニュアンスを持ちやすいということを確認したい。それは明らかに数詞'一'が数情報を示していない例があることからもわかる。それらは，固有名詞に数詞'一'が後続している例で，わざわざ数情報を追加しなくても，数が'一'であることは明

らかである。

(49) そして徹吉一人が，未だに鈴木治衛門の土蔵の中に日を送る身の上となった。 （楡家）
(50) その妹が自分の後継者としてつつがなく育ってき，そのゆえにこそ聖子一人を桃子たちから区別して一種特別の情をそそいできただけに，その落胆，その憤りは根強かったといえる。 （楡家）
(51) もし岩殿に霊があれば，俊寛一人を残したまま，二人の都返りを取り持つ位は，何とも思わぬ禍津神じゃ。 （俊寛）

　これらの例はQが数情報以外の何かを示しているのであり，'二以上'の数が持つ情報とは根本的に異なると言える。これらの例においては'一人'を付加することで，単独性を表していると言えそうである。こういう例を見ると，やはりN(1Q)C型が「先行する名詞の表すものただそれだけ」という意味を持ちやすいことが確認できる。
　「ただそれだけ」というニュアンスは，N(1Q)C型だけに限ったものであろうか。実は(1Q)のNC型についても同様の指摘がされており，それを紹介する。張(2001)では日本語と中国語を対照することで，日本語の「1＋助数詞」には特殊な意味があるとしている。その一つとして(52)のような例文をあげて量が少ないというニュアンスを出すものがあるとしている。

(52) ラジオが音楽を流していたが，あまり好きなものではなかった。しかし，起きている間，ただ一つの声を消すのは寂しかった。（張2001）

　これは'ただ'が共起しているので量の少なさが出るものと思われるが，こういった'ただ'を付加した(1Q)のNC型とN(1Q)C型では意味が同じになるのであろうか。

(53) それに同じ野口清作が現実に勉学に励み，村でただ一人の医師になっ

たのだから両親はその名をつけるのに特に不満もなかった。（落日）
(53′) #それに同じ野口清作が現実に勉学に励み，村で医師一人になったのだから両親はその名をつけるのに特に不満もなかった。

上の例は'ただ'を付加した(1Q)のNC型で書かれているが，それをN(1Q)C型に変えてみると明らかに文脈に合わなくなる。つまり，量の少なさを表す点において共通すると言いながらも何か違いが存在するのである。(53′)からN(1Q)Cの部分を抜き出してすわりのいい文脈を当ててみると以下のようになる。

(53″) 村は医師一人になった。（他の人間はいなくなった）

つまり，'ただ'を付加した(1Q)のNC型は，「医師のカテゴリーでは一人だけ」，N(1Q)C型は，「人間のカテゴリーでは医師一人だけ」という意味解釈になる。つまり，背景となるカテゴリーの種類が違うのである。これは第5章で論じた意味の重点を考えれば説明ができる。NQC型はNQの連続においてQに重点を置くのに対して，QのNC型はNを底とするので，Nを中心に理解するという主張を行った。つまり，Qを意味の中心とするかNを中心とするかの違いであった。Qは数情報とカテゴリー情報であるため，(53″)の例において'人'というカテゴリーが意味の中心になる。つまり，人間カテゴリーを意味の中心とするのである。それに対して，(53)は'医師'というNが意味の中心になるので，医師に当てはまるものしか対象にできない。そこから(53)と(53″)の違いが出てくるのであろう。

3.4　代名詞的用法

　代名詞的用法については第7章で詳しく論じたが，そこですでに指摘した通り「指示物の数」が'一'のときは代名詞的な機能が持てなくなるということであった。

(54) 私のクラスには劉さんという留学生がいます。(彼／劉さん／*一人)はとても明るく…

同じような例でも，指示物が'二'になると追跡が可能になる。

(54′) 私のクラスには劉さんとジョンさんという留学生がいます。(彼ら／劉さんとジョンさん／二人)はとても明るく…

第7章では，数詞'一'を一旦議論から外しておいたが，本章で改めて扱いたい。ここで確認しておきたいのは，実際は全体数を提示した後なら，代名詞に近い使い方ができるということである。

(55) 東郷「明日…？ ずいぶん急な話だな…何かあるらしいが…」「それで，どうして俺なんだ？」
依頼者「最初からきみに頼めばよかったのだが…実は，この2週間の間に，君と同業のものが二人…」「一人はライフルでしくじり，もうひとりのナイフ使いは…」「なぜかゴドノフの間近まで行きながら，心臓麻痺で急死！」　　　　　　　　　　　　　　　(ゴルゴ)

これらの例は不定代名詞などと呼ばれることからも，言語学では他の代名詞とは区別されつつカテゴリーとしては代名詞に含まれている。数詞'一'がこういった不定代名詞として使われている例なら非常に多く見つかる。

(56) 「一九三六年，共和政府を支援する唯一の国，ソ連から二人の軍事顧問が訪れた…一人はトムスキーという。流暢なスペイン語をしゃべる前途有望なインテリ…もう一人はたたき上げの軍人で，爆弾の専門家アレクセイエフ。二人の加勢を得，私の小隊は村々を解放した。」
(マスタ)

(57) そこで二つの解決法が考えられる。一つは9条を変えることであり，

もう一つは安保条約を変えることである。　　　　　　　（朝 04.6.17）
(58)　私はこの四日間に，京極堂につられるように本を三冊読んだ。<u>一冊</u>は
漬物の発酵に関する専門書である。後の二冊は仏教系の新興宗教の開
祖が記した経典と，中国の魚料理の本である。　　　　　（うぶめ）

代名詞的用法における数詞'一'の特徴は明らかである。代名詞として先行する名詞を照応することはできないが，先行する複数の名詞から一つを抜き出して照応する不定代名詞としてなら使用は可能である。

4. '一'の概念の成立

ここでは，'一'という概念がどうやって成立したのかという先行研究での指摘を取り上げ，それらをもとに'一'の解釈に関する仮説を立てる。先行研究で，二の概念の後で一の概念は成立したとしている指摘がある（切替 2006）。切替が根拠としているのは，印欧語で数詞'一'だけは成立が遅れ，またその語源に2パターンあるという泉井（1978）の指摘や，ラッセル，ユンクなどが指摘する哲学的な'一'に関する説明である。

泉井の研究では，印欧語に'一'を表す語源が二つある（*sem- と *ei(no)-）として，原印欧語域の内部において，'二以上'では共通の表現要素が定着していたのに対して，表現要素が二つある'一'は，定立に選択の余地があったとしている。

> すなわち両区域（*sem- を'一'として使用する区域と *ei(no)- を'一'として使用する区域：筆者注）の方言はそれぞれ*sem- と *ei(no)-の両要素を，共にみずからの中に持っていた。両区域の方言は，この両要素が本来表すそれぞれの意味に従って，その好むところの一つを〈1〉の数詞として，むしろ意識的に選定した。従ってそこには，はじめから，無意識的に成立していた〈1〉の数詞はまだ存在しなかった。（泉井 1978: 192）

また，ラッセルやユンクの指摘をここに再掲はしないが，ユンクの考えをもとにした河合(1994)の指摘を見ると，ここでも数詞'一'が'二'を前提としていることが端的に指摘されている。

> 二の象徴性について，ユンクは中世の哲学者の考えを援用しながら，人間にとって最初の数は一ではなくてむしろ二ではないかと述べている。つまり一が一であるかぎりわれわれは「数」ということを意識するはずがなく，何らかの意味で最初の全体的なものに分割が生じ，そこに対立，あるいは並置されている「二」の意識が生じてこそ「一」の概念も生じてくると考えられる。　　　　　　　　（河合 1994: 129）

切替(2006)の目的は，これらの研究を紹介した上で'二'の概念の後で'一'の概念は成立したのではないかと仮定し，アイヌ語の数詞'一'の語源を探ることである。そこでは，アイヌ語のárはもともと「二つ一組の片方」を意味し，後に純粋な数1をも示すようになったという主張がなされている。本章では，これらの指摘の中で，泉井(1978)で述べられている2タイプの'一'の祖語に注目したい。

(59)　*sem- と*ei(no)- の両要素について（泉井 1978: 190）
　　　*sem-「一つにまとめる，集める」意味
　　　*ei(no)-「いくつかのなかから特に一つを抽き出して示す」意味

例えば英語においては，*sem- が same になり，*ei(no)- が one や a になっているということである。つまり，英語では'一'を表すために*ei(no)- を選定したことになる。当然他方を選定している言語もある（泉井 1978 参照）。
　これらの指摘をまとめてみると，以下の2点になる。

(60) i　'一'という概念は'二以上'を前提としていること
　　　ii　前提の方法は2通りあり，'二以上'をまとめて'一'にする場合と，

4. '一' の概念の成立 | 187

'二以上' の中から '一' を取り出す場合であるということ

印欧語の議論をベースにしているとは言え，これらの指摘は '一' の概念を考えるに当たり非常に興味深い観点をもたらす。本章ではこれらの指摘をもとに，'一' の概念を2タイプに分けて仮説を立ててみる。ここでの仮説は，'一' の概念に2種類あるというだけのもので，この2種類の概念が英語などの印欧語では，不定冠詞と数詞 '一' に機能分化していったと主張するものではない。

(61)　仮説：'一' の概念には以下のような2タイプがある

要素包含型　　　　　要素取り出し型
図1　'一' のイメージスキーマ

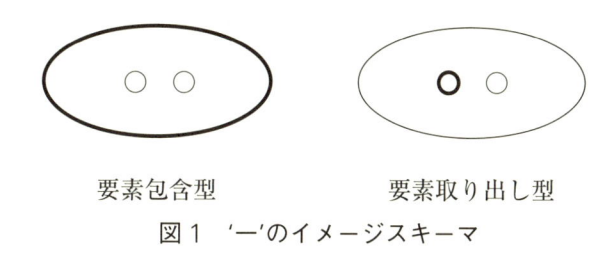

図1で表しているのは2タイプのイメージスキーマである。この仮説で立てた2タイプが連続して表れている例が(62)である。はじめの下線部は要素取り出し型で，次のは要素包含型である。

(62)　シラバスを設計する場合には，かならず語彙が含まれるが，その語彙はいわゆるシソーラス，つまり意味分野別体系のかたちで表されることが多い。そのシソーラスの各項目あるいは<u>ひとつの意味分野</u>をノーションと呼ぶ。たとえば，コソアはいわゆる指示に関することばとしてひとつのノーションであるし，「健康」「病気」「元気だ」「だるい」などは健康に関する語彙として<u>ひとつのノーション</u>を構成する。
　　　　　　　　　　　　　　　　　　　　　　　　　　　（日本語）

5. 考察

4.節で立てた仮説をもとに、ここでは3.節で見た数詞'一'の特殊性を説明していきたい。3.節で見た特徴はほとんどが要素取り出し型で説明できる。仮説で立てた二つのタイプは'一'のスキーマとして働いており、状況に応じてそのどちらかのスキーマが活性化されるというようなシステムを想定して考察を進めたい。

5.1 要素取り出し型

仮説で立てた二つの概念のうち、要素取り出し型から先に考察していきたい。こちらの方が多くの現象に関わっているからである。一つ目は、3.1で述べた(1Q)のNC型の不定を表す用法から説明したい。不定というものは新情報であることから考えてみると、談話への導入のためのマーカーであると言える。不定冠詞を談話への導入と考える発想は、メンタルスペース理論などで詳しく議論されている（坂原1989などを参照されたい）。

(63=(20))　ガニア「今から百年くらい前の話だ。<u>一人の男が</u>この近くの海で座礁して村人に命を救われた。」

この例などは、明らかに新しい要素を談話に導入している。この例において導入というのは、'男'というNが指示する対象の中からある'一人'を抜き出して、談話に導入するということである。このように不定マーカーを集合からの抜き出しで説明しているものに、Givón (1981) がある。そこでは、'一'が不定マーカーになる理由として以下のように説明している。

> When a referential argument is introduced for the first time into discourse, the speaker obviously *does not* expect the hearer to identify it by its unique reference. Rather the speaker first identifies it to the hearer by its *generic/ connotative properties,* as *one member out of the many within the type.* This

is a peculiar situation, where the speaker wishes to perform two seemingly conflicting tasks:
(ⅰ) Introduce a new argument as *referential/existing;* but
(ⅱ) Identify it by its *generic/type properties*

(Givón 1981: 52 斜体は原文のまま)

このように，集合からの抜き出しで不定マーカーを説明するなら，(1Q)のNC型の不定用法は要素取り出し型という概念で説明ができる。数詞'一'には，集合物からその一要素を抜き出すという概念が内在されているのである。

二つ目は3.2で扱った，Nの(1Q)C型である。これはNの中のQという意味で，タイプ3の部分解釈しかできないということであった。

(64=(40))　あげくのはてに，<u>女の一人</u>にナイフでメッタ刺しにされ，アパートの前のドブの中で死んでいたよ…

これもまさに要素取り出し型で説明ができる。'一'という概念には集合からある要素を取り出すという意味があり，そのためタイプ3の部分解釈が優先的に適応されるのである。

三つ目は，3.3で述べたN(1Q)C型である。これは「ただそれだけ」という意味を持っていたが，これまで同様に要素の取り出しで説明ができる。

(65=(49))　そして<u>徹吉一人</u>が，未だに鈴木治衛門の土蔵の中に日を送る身の上となった。

そもそも「ただそれだけ」という意味は集合を前提とする。(65)の例においては，'徹吉'以外の幾人かのものは土蔵の中におらず，'徹吉'だけは土蔵の中にいるのである。このように他の参与者との関わりがあってはじめて「ただそれだけ」という意味が出てくるのである。集合の中から，ある要素を取り出して他とは違うという説明をするのがこの用法であるので，これも要素

取り出し型との関わりが確認できる。

　最後は，3.4 で見た代名詞的用法である。数詞 '一' は，不定代名詞として機能していた。

(66=(55))　「最初からきみに頼めばよかったのだが…実は，この 2 週間の間に，君と同業のものが二人…」「<u>一人</u>はライフルでしくじり，もうひとりのナイフ使いは…」「なぜかゴドノフの間近まで行きながら，心臓麻痺で急死！」

これもまさに要素取り出し型で説明ができる。ある集合を前提としたときしか代名詞として照応できないということは，'一' という数が持つ概念から説明ができる。

5.2　要素包含型

　数詞 '一' に関する特殊性を 3. 節で詳しく見たが，それらはほとんどが要素取り出し型というスキーマに当てはまるということをここまで見てきた。しかし，要素取り出し型では説明できない現象が二つ残っている。3.1 で見た，個体の全体性を表す用法と，共有の意味を表す用法である。これらは要素包含型で説明ができるということをここで順に見ていく。いくつかの要素があり，それらを包含する形で '一' という概念ができるというのが要素包含型であった。イメージスキーマを再掲する。

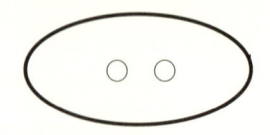

図２　要素包含型のイメージスキーマ

この例として 4. 節であげた例を再掲する。

(67=(62))　たとえば，コソアはいわゆる指示に関することばとしてひとつ

のノーションであるし,「健康」「病気」「元気だ」「だるい」などは健康に関する語彙としてひとつのノーションを構成する。

この例において,全体が一つのまとまりを示しているということだけが(1Q)のNC型で示されており,その要素がいくつあるのかということは明示的に示されてはいない。(67)においても,'「健康」「病気」「元気だ」「だるい」など'というように,要素の数はぼかされている。次の例も同じようなタイプであろう。

(68)　バラバラの破片を組み立ててみたら,一体の仏像が出来上がった。

このように要素が何か,またその数はいくつかを不問にして,全体が一つのNになっているということだけを表すのがこのタイプだと考えると,個体の全体性を表す用法との関連性が考えられる。

(69=(25))　（日本企業で働く外国人を対象に）
　　　　　　「会社でどんな役割を果たしていますか」との問いに対しては,「専門知識を活かす仕事」「一つの事務所を任されている」…
(70=(26))　母は二分間で一人の人間を知り尽したようなつもりになっている。
(71=(27))　だが,ありとあらゆる色合いの昆虫や動物で埋め尽くされたその大きな地図は,なんとおぞましい一幅の曼陀羅絵を構築していたことだろう。

(71)については,昆虫や動物といった様々な要素が明示的に表現されているものの,その数は不明で,(1Q)のNC型が表すのは,全体として'一幅の曼陀羅絵'になっているということだけである。(69)(70)に関しては,要素の数だけでなくそれが何であるかさえ表現されてはいないが,文脈から想像はできる。(69)に関しては'事務所'の中の様々な仕事が要素であり,(70)

は'人間'の中の様々な部分が要素であり，それらの諸要素を包含する形で，(1Q)のNC型が使用されている。

次に，数詞'一'による共有の意味を表す用法を考察する。この共有の意味というのは，全体性を表す用法からの拡張であると考えられる。

(72=(31))　戦前と戦後では完全に　世代的な断絶があるが　戦後の人間は
　　　　　　今に至るまで1つの流れでつながっている

この例などは，全体性の場合と同じように説明できる。要素としては，様々な世代（の人間）があり，それらを包含する形で，'1つの流れ'という(1Q)のNC型が使用されている。ただし，全体性を表す(73)のような例と比べると，(1Q)のNCの部分が，はっきり輪郭を持っていない点が異なる。

(73=(25))　（日本企業で働く外国人を対象に）
　　　　　「会社でどんな役割を果たしていますか」との問いに対しては，
　　　　　「専門知識を活かす仕事」「一つの事務所を任されている」…

この例ははっきりとした輪郭を持って'事務所'が存在しているが，(72)の例は'流れ'にはっきりとした輪郭が見出せない。これをイメージスキーマで表すと以下のようになる。

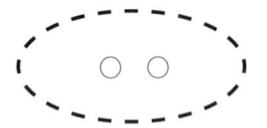

図3　要素包含型イメージスキーマの拡張

ここでは，全体性がやや抽象化して，解釈されている。もう少し共有を表す他の例も見てみたい。

(74=(32))　当店の麺類は一つの釜にて茹であげております。そばアレル

> ギーのお客様はご容赦くださいませ

この例は，要素がそばや中華めんやうどんであることは明らかであるが，それらは'一つの釜'を共有しているわけである。ただし，共有しているのは，茹でている時間だけで，その前や後は釜の外にある。これは過去の経歴を表しているようなタイプで，いくつかの要素がかつての経歴を共有していると言っているに過ぎないため，(72)同様抽象的な輪郭という説明が可能ではないかと思われる。つまり，経歴という抽象的な輪郭を各要素が共有していると考えるのである。

共有を表す例には以下のようなものもあった。この例においては，要素が包含されているという意味は感じられない。ただ，複数の個体が単一の個体に関わっているという意味だけが残っている。

(75=(33))　聖ヨハネ祭の日，私とアレクセイエフは，同時に<u>一人の少女</u>に恋をした…

この例は'ある少女を愛する感情'というやや抽象的な輪郭を想定すれば，それが二人の男を包含しているということで，図3のイメージスキーマによる説明が可能になるのではないだろうか。

ここまで，共有を意味する(1Q)のNC型を，要素包含型の拡張で説明しようと試みた。(72)(74)(75)の例はやや説明が難しいものであるが，何かを共有するということは，要素間が抽象的な枠組みの中に収まっていると考え，全体性を表す用法と共有の意味を表す用法に連続性があるという指摘を行った。

6. 追加例：数詞'一'を含む熟語[3]

　ここまでは，本稿で扱ってきた数量表現の形式を対象に，数詞'一'の特殊性，それらが持つ意味の共通性を扱ってきた。そして，それらの共通性を(61)の仮説で立てたスキーマで説明してきた。ここでは追加例として，'一'を含む熟語を取り上げて仮説を検証したい。

　'一'は，単数としての意味で用いられることもたくさんあるが，これから見ていく例は，数情報だけでなく他に含意を持っている。それらの含意は要素取り出し型と要素包含型で説明ができるということを見ていく。

6.1 要素取り出し型

(76)　一部分　一因　一案　一意見

　全体があることを前提として用いられる'一部分'はまさに要素取り出し型のイメージスキーマが当てはまる。'一因''一案''一意見'などは，どれもたくさんあるものの中の一つという意味で使われる。これらは不特定多数の中の一つという意味であり，やはり要素取り出し型であろう。

(77)　一個人　一員

　このように，ある社会や組織を前提として用いられる熟語も同様に扱える。このタイプと似ているのが(78)で，職業や地位を表す名詞に'一'を付加している。後ろの名詞が表す職業や地位にある不特定多数の人々を前提としている点で，やはり要素取り出し型であろう。

(78)　一教師　一外交官　一主婦　一社員

---

[3] ここでの議論は大森文子先生（大阪大学言語文化研究科）のご助言によるところが大きく，例文の中にも先生からいただいたものが多く含まれている。

6.2 要素包含型

(79) 一門　一味　一座　一家　一派

これらの例はすべて，人間の集団を前提として，その全体を表している。前提とする集団の種類は違えど，どれも同じように集団の全体を表している。「<u>一家</u>を支える大黒柱」のような文にするともっとわかりやすい。これらは要素包含型のイメージスキーマで説明できるであろう。ただ，'一派'に関しては，「一支流・一流派」という意味で使うのなら不特定多数の中の一つという意味になってしまうが，「<u>一派</u>を率いる」のような使い方なら全体を表す要素包含型の読みになる。

(80) あたり<u>一帯</u>　関東<u>一円</u>　在庫<u>一</u>掃　一国一城の主

これらのタイプは「ある範囲のすべて」という意味であり，やはり全体を表していると考えられるであろう。このように，要素包含型で説明できる用例もたくさんある。

6.3 その他

ここまで見てきた例のように，すべて(61)の仮説で説明できるというわけではない。'一'を用いた熟語には(81a)のように，順序を前提としている例や，(81b)のようにスキーマが当てはまりそうにないものもある。

(81a)　世界一（世界で一番目）　日本一　クラス一
(81b)　一大事　一波乱　一悶着

これらの分析をどう行うべきかは現段階で結論が出せていない。今後の課題としておきたい。

7. 本章のまとめ

　本章では数詞'一'が関わる特殊な用法をまとめた上で，'一'という概念には2パターンのイメージスキーマが関わっており，そのどちらかが選択されることで'一'の特殊性が説明できるという主張を行った。ただし，考察すべき内容はまだまだ残されている。

　まず，二つのイメージスキーマは同等ではなく，5.1で見たように要素取り出し型で説明できる例の方が圧倒的に多かった。それらの偏りに対する説明はできていない。また，5.2で見たイメージスキーマの拡張に関しては，もっと用例を増やした上での詳細な検討が必要であろう。更に6.節の熟語の例も更なる検討が必要である。すべて今後の課題としたい。

第9章

コーパスから見た各形式の出現頻度

　本章では，ここまで論じてきた数量表現形式を振り返って，それぞれの形式と出現頻度の関係を概観する。数量表現の各形式は，メディア／ジャンルによって，または語彙によって出現頻度が異なることをここで示す。コーパス分析に当たり，基礎データとして数詞と助数詞の出現頻度を調べてみると，数詞は'二'，助数詞は'人'が高頻度で出現する。よって'二人'が出現頻度から見た数量詞の典型例と考えられる。数量詞には，数量を伝えるための機能だけでなく談話の結束性に関わる機能もあり，典型例においては後者の方が高頻度で出現することを指摘する。

1. 本章の目的と分析対象

　ここまで様々なデータをもとに議論を行ってきた。小説，新聞，漫画が中心であったが，数量表現の各形式と使用するデータにはある程度の相性があった。意識的にこれらのデータを使い分けてきたわけではないが，例えばQのNC型を扱った第2章では小説を多く例文に用い，NQC型の第3章では新聞からの例文を多用している。また，助数詞をすべて等質なものとして扱ってきたが，助数詞のバリエーションと数量表現に何か関係はないのだろうか。本章ではコーパスデータから，まず数量詞に関連する基礎データを提示した上で，ここまでの議論を振り返りたい。具体的には，メディア／ジャンルと数量表現の関係，語彙と数量表現の関係を論じる。一般にメディアと

は書き言葉，話し言葉の区別のため，ジャンルとは新聞，文学といった区別のために用いられている。よって本章では書籍（文学），新聞，話し言葉を比較する際に，メディア／ジャンルと表記する。

　本章の目的：コーパスから数量詞に関する基礎データを提示し，メディア／ジャンルや語彙と数量表現各形式の関係を論じる

1.1　先行研究

　ここまでに何回か取り上げているが，数量詞をコーパスで分析しているものに Kim（1995），Downing（1996）がある。両者とも自作のコーパスを用いており，前者は書き言葉テキストから 1066 例（Modern Japanese 858 例，Old Japanese 208 例）を分析し，Modern Japanese では，Q の NC 型が 45.8%，NCQ 型が 21.4% という結果を示している。そこで対象とされている形式は 8 形式であるが，いずれも定番 4 形式の派生形で本稿が扱っているようなデ格型，述部型，代名詞的用法などは集計されていない。後者は定番 4 形式のみを対象としている。話し言葉と書き言葉から 250 例ずつ集めて，500 例をデータとしているが，その中から 'unambiguous examples' 226 例を取り出したとしている（Downing 1996: 219）。対象となった 226 例における書き言葉と話し言葉の割合は明らかにされていないが，例文としてあげられているものは書き言葉ばかりなので，その割合は高いものと推測される。226 例中 106 例（47%）は Q の NC 型，NCQ 型は 96 例（42%）という結果が述べられており，両者で全体の約 90% を占めることになる。先行研究における両者のコーパスデータに関する特徴を列挙したい。

i　　書き言葉中心に集めている
ii　　数詞を統制せずに集めている
iii　　助数詞を統制せずに集めている
iv　　集めたい形式以外を排除している

コーパスベースの議論が 1990 年代に行われているという点で，両者は非常に高い価値を持つ。しかし本章では，様々なコーパスが整備されてきている現在，もう一歩踏み込んだデータを提示したいと考えている。

1.2　使用コーパス

本章では第 6 章で使用した『名大会話コーパス』（以下，名大会話）のデータに加え，書き言葉には『現代日本語書き言葉均衡コーパス（BCCWJ）』を用いる（以下，BCCWJ）。BCCWJ は，現代日本語の書き言葉の全体像を把握するために構築されたコーパスで，書籍全般，雑誌全般，新聞，白書，ブログ，ネット掲示板，教科書，法律などのジャンルにまたがって 1 億 430 万語のデータを格納している[1]。本章では BCCWJ をオンライン版検索ツールである少納言，中納言を用いてデータ収集を行った。2.1 では主に中納言を用い，2.2 では主に少納言を用いている[2]。本章でのデータ収集に関する方針をここで述べておく。

i　書き言葉だけではなく話し言葉にも目を配る
ii　数詞を統制して集める
iii　助数詞を統制して集める
iv　最初に形式を決めず使用例を収集し，全体の分布が把握できるように努める

本章で基礎データを作る際には BCCWJ 全体を利用しているが，数量表現各形式の出現頻度を見る 2.2 では，メディア／ジャンル，数詞，助数詞を統制した 800 例のデータを抽出して分析に用いている。

---

[1]　詳細は，国立国語研究所の HP にある。http://www.ninjal.ac.jp/corpus_center/bccwj/
[2]　中納言では，'一人'，'二人' は単独で語彙素になっているが，'三人' は '三' '人' で別々に分析されてしまうため，シンプルに年代，ジャンルを設定できる少納言を用いている。

2. コーパスデータ

　数量表現の各形式を分析する前に，まず数量詞に関する基礎データを提示したい。日本語の各メディア／ジャンルでは，どんな助数詞・数詞が使われているのだろうか。2.1 でこういった基礎データを紹介した上で，2.2 でメディア／ジャンル別に，数量表現の各形式を見ていく。

2.1　基礎データ：助数詞・数詞の出現頻度

　数量表現の各形式を論じる前に，基礎データとして助数詞や数詞の出現頻度を紹介したい。どんな助数詞や数詞が頻繁に用いられているか，コーパスを用いて調べる。中納言の検索対象として，書籍と新聞を取り上げた。検索対象というところから出版・書籍，出版・新聞という項目を選び，コアデータと非コアデータの全データを選んだ。検索方法は文字列検索を使用した。文字列検索では，正規表現とまではいかないが，ワイルドカードと称して，複数の候補を一気に調べることができる。例えば以下のように入力したら，助数詞'人'に関するデータが一度に抜き出せる。

(1)　　検索例（正規表現）：［一二三四五六七八九十百千万 1234567890］人

　中納言は形態素解析してあるデータを検索することもできるが，助数詞は品詞の特定が難しく，形態素解析済みのデータは使いにくい。例えば，助数詞'人'は数詞とセットで'二人'のように形態素が表示されており，その品詞は「名詞-普通名詞-副詞可能」となっている。一方，'冊'は単独で「接尾辞-名詞的-一般」という品詞になっており，'個'も単独ではあるが，品詞が「接尾辞-名詞的-助数詞」で，'冊'とは違う扱いをされている。こういった事情も，文字列検索を用いた理由である。BCCWJ のデータに第 6 章の名大会話のデータを結合したものが表 1 である。対象となっている 24 種類の助数詞は第 6 章でその選択理由を述べている。

表1　メディア／ジャンル別各助数詞の出現数と割合（％）[3]

助数詞	書籍	新聞	会話
人	29509　(40.7%)	3165　(62.9%)	898　(52.2%)
つ	25734　(35.5%)	692　(13.7%)	393　(22.8%)
本	3848　(5.3%)	280　(5.6%)	42　(2.4%)
枚	2441　(3.4%)	146　(2.9%)	105　(6.1%)
個	2307　(3.2%)	107　(2.1%)	167　(9.7%)
名	1883　(2.6%)	6　(0.1%)	11　(0.6%)
杯	1171　(1.6%)	19　(0.4%)	10　(0.6%)
台	1044　(1.4%)	143　(2.8%)	9　(0.5%)
冊	652　(0.9%)	59　(1.2%)	28　(1.6%)
軒	649　(0.9%)	28　(0.6%)	17　(1.0%)
匹	478　(0.7%)	146　(2.9%)	6　(0.3%)
頭	473　(0.7%)	38　(0.8%)	6　(0.3%)
機	455　(0.6%)	27　(0.5%)	0
隻	314　(0.4%)	37　(0.7%)	0
株	299　(0.4%)	41　(0.8%)	0
通	282　(0.4%)	11　(0.2%)	10　(0.6%)
羽	218　(0.3%)	22　(0.4%)	1　(0.1%)
足	182　(0.3%)	9　(0.2%)	0
食	161　(0.2%)	15　(0.3%)	6　(0.3%)
棟	131　(0.2%)	34　(0.7%)	1　(0.1%)
粒	141　(0.2%)	7　(0.1%)	4　(0.2%)
艘	73　(0.1%)	0	0
錠	45　(0.1%)	3　(0.1%)	0
部	4　(0.0%)	0	6　(0.3%)
合計	72494	5035	1720

---

[3]　助数詞'人''つ'については「ひとり，ふたり，さんにん」「ひとつ，ふたつ，みっつ」までの平仮名表記も別に検索して加算している。'通''部'に関しては、「通り，通則，通信」といった無関係な語彙が検出されるため，結果をすべてダウンロードした後，エクセルファイルで無関係なものを取り除いている。

BCCWJ と名大会話ではコーパスのサイズが異なり，表1の出現数も大きく異なる。そのため安易に比較することはできないが，メディア／ジャンルを問わず助数詞'人'の使用が圧倒的に多いということがわかる。その他の助数詞では，書籍の'つ'が25734例（35.5％）と目立っているが，このうち13737例，つまり過半数が'一つ'の例であり，第8章で紹介した加藤［美］(2003)が述べている'一つ'の各用法が関わっているものと思われる。そこでは'一つ'には陳述副詞的な用法など，数を表さないものがあるという指摘があった。助数詞全体を見渡すと，書き言葉でもさほどバリエーションは見られず，表1の中でも過半数の助数詞は出現割合が1％に満たない。そこで各メディア／ジャンルからトップ5だけを拾って再構成した表が表2である。

表2　メディア／ジャンル別助数詞出現頻度トップ5

		書籍		新聞		会話	
1	人	29509	(40.7%)	人	3165	(62.9%)	人	898	(52.2%)
2	つ	25734	(35.5%)	つ	692	(13.7%)	つ	393	(22.8%)
3	本	3848	(5.3%)	本	280	(5.6%)	個	167	(9.7%)
4	枚	2441	(3.4%)	枚	146	(2.9%)	枚	105	(6.1%)
5	個	2307	(3.2%)	匹	146	(2.9%)	本	42	(2.4%)
カバー率			88.1%			88.0%			93.3%

　カバー率という欄には，トップ5が全体に占める割合を記している。これを見ると，会話においては93.3％という他よりやや高い数値を示しており，トップ5の助数詞に使用が集中している傾向が見てとれる。ただ，書籍や新聞でも約9割はカバーしているわけであり，書き言葉においても助数詞使用のバリエーションはあまり見られないことになる。少し注目したいのは，新聞における助数詞'人'の使用が，全体の62.9％を占めている点である。新聞は人間の活動を紹介することに特化したメディアであり，そういった特徴を助数詞の分析からも指摘できる。新聞にだけ'匹'という助数詞がランクインしているのも興味深い。おそらく人間の活動に関わるペットや家畜，害虫などが取り上げられているからであろう。

ここからは，数詞についても基礎データとして使用実態を見ておきたい。助数詞は出現頻度が高かった'人''つ'だけに固定して数詞の出現を見てみる。中納言の検索対象から，コアデータをすべて選択[4]して，新聞，書籍だけではなく，雑誌，白書，ヤフー知恵袋，ブログといった広い範囲での検索を行った。ただし，コアデータだけに絞って検索しているため，出現数は低くなっている。

表3　数詞の出現数[5]

一人	二人	三人	四人	五人	六人	七人	八人	九人	十人	0人
510	363	171	117	101	51	47	44	48		167
一つ	二つ	三つ	四つ	五つ	六つ	七つ	八つ	九つ		
438	109	87	37	17	9	8	7	0		

　どちらも数詞'一'の多さが目立つが，これは第8章で論じたように，'一'には様々な用法があるからである。2.2で数量表現の形式を考察する際，'一'は形式に偏りが予想される。このような理由で'一'を除くと，次に出現数が多いのは'二'ということになる。ここまでの議論をまとめると，最も出現数が多いのは，数詞'二'，助数詞'人'であり，'二人'というのが出現頻度から見た数量詞の典型であるということになる。よって'二人'を議論のスタート点としたい。

2.2　数量表現各形式の出現頻度

　ここでは数量表現の各形式とメディア／ジャンルの関係を見ていきたい。ここで用いるデータは表4の800例である。内訳は以下の通りである。表中

---

[4] 出版・新聞，出版・雑誌，出版・書籍，特定目的・白書，特定目的・知恵袋，特定目的・ブログの6項目が検索対象となる。

[5] 「一人」という表示は，「一人，1人，ひとり」をすべて含んでいる。「一つ」に関しても同様に「一つ，1つ，ひとつ」を含んでいる。「[－1]人」で検索した結果に，「ひとり」の検索結果を加算している。

の会話というのは名大会話のデータである[6]。

表4　形式の出現頻度を見るためのデータ

メディア／ジャンル	数量詞	データ数
文学（2000年以降）	一人	100
文学（2000年以降）	二人	100
文学（2000年以降）	三人	100
新聞（2000年以降）	二人	100
会話（2000年以降の録音）	二人	100
文学（2000年以降）	二つ	100
文学（2000年以降）	二本	100
文学（2000年以降）	二枚	100

　数詞と助数詞を統一して論じるため，2.1で見た典型数量詞'二人'の例文から見ていく。形式としては本稿でここまでに扱ってきたものを縦軸に取っている。デ格は数量詞が単独でデ格に接続するものだけをカウントしている。また，その他には，「二人連れ，二人乗り，二人分」といった複合名詞，「爆撃で二人が死亡」のような代名詞ではないが，数概念を名詞として提示するものが含まれている。

　横軸は文学，新聞，会話としている。2.1では広くデータを収集するため，書籍というカテゴリーを用いていたが，ここではデータの均質性を維持するため，書籍の中から文学に関するものだけを取り出して用いる。またすべてのデータは，出版年が2000年以降のものに限定している[7]。データの数はすべて最初の100例ずつとした。100例としたのは数詞と助数詞，メディア／ジャンルを固定して例文を抽出しようとすると，数が少なくなってしま

---

[6] 他のメディア／ジャンルと条件を統一するため，第6章で分析した会話データとは別に100例のサンプリングを行っている。表記は'2人'で検索している。

[7] 少納言では検索の段階で，2000年以降のものを選択することができるが，500件しか一度に表示できない。そこから文学だけを抜き出すと，今回のデータに必要な100例を切ってしまうことがある。その場合は，中納言を用いている。中納言の場合は，出版・書籍を選ぶと2000年以降のものが抽出でき，結果は500件を超えてもダウンロードできる。

うためである。例えばトップ 5 に入っている '枚' を使って，'二枚' で検索すると書籍（文学）で 115 例しか見つからない。メディア／ジャンル間の相対的な違いを見るのが目的であり比較しやすい数字で 100 としているが，これが十分であると認識しているわけではない。ただし，各形式間の大きな偏りがあるとすれば，このデータからも分析は可能であると考えている。結果は以下の通りである。

表 5　メディア／ジャンル別 '二人' 数量表現の出現数

	文学	新聞	会話
NCQ	5	1	24[9]
NQC	5	18	4
N の Q[8]	2	6	0
Q の NC	13	5	0
述部	0	1	10
デ格	12	9	32
代名詞	57	39	21
その他	6	21	9
	100	100	100

　どの数値も代名詞的用法が多いとわかる。100 例なので，そのままパーセントに読み替えてもかまわないが，文学ではその割合が高い。第 2 章では Q の NC 型の分析に小説から例文を用いた。第 3 章では NQC 型の分析に新聞を用いた。また第 4 章 N の QC 型の議論では，新聞の例もあげたが，用例が少ないため電子小説から例文を収集した。第 6 章では会話データからデ格型や述部型について論じた。このようにメディア／ジャンルのバリエーションが数量表現諸形式の出現頻度に関わっていることは，表 5 からもわかるであろう。第 7 章の代名詞的用法で漫画データを多く用いているのは，直示表現を中心に論じるためには，場面状況が必要であったからである。照応の例を探

---

[8]　「A と B と C の三人だ」のような述部にくるものも含んでいるため，'N の QC' とは表記せず，'N の Q' としている。

[9]　この 24 例中名詞がない (NC)Q13 例，助詞がない N(C)Q2 例を含んでいる。

すなら小説にもたくさん例は見つけられるであろう。

QのNC型に注目してみたい。先行研究でもその出現頻度の高さがたびたび指摘されてきたが，比較的多い文学でも13例に留まっている。これはどういうことであろうか。次の表は，'二人'と'二つ'[10]を比べたものである。2000年以降の文学作品から例を抽出するという他の条件は揃えたままである。

表6　文学における'二人'と'二つ'数量表現の出現数

	文学二人	文学二つ
NCQ	5	18
NQC	5	4
NのQ	2	2
QのNC	13	46
述部	0	4
デ格	12	0
代名詞	57	4
その他	6	22
	100	100

'二つ'を見ると明らかなように，代名詞的用法がぐっと減って，QのNC型が増える。46例であるが，約半数を占めるという点で，先行研究の指摘と同じようになる。条件は同じままで，'本''枚'についても100例を収集して形式を見る[11]と，'本'の45例，'枚'の44例をQのNC型が占めている。つまり，QのNC型が多くなるのは'つ'だけの現象ではなく，モノに関する助数詞全体に言えるのではないだろうか。

次は，数詞'一'の出現頻度を観察する。2000年以降の文学という他の条件は統一してデータを分析してみると，以下のようになる。

10　検索には'ふたつ'という平仮名表記を使っている。'二つ'という漢字表記で検索を行ってもいるが，約半数がQのNC型であるという点は同じである。

11　表2で示した助数詞トップ5をもとに，「二[本枚個]」で中納言に検索をかけて，結果をダウンロードした。その中から文学に関するデータだけを抽出したら'二個'に関してはデータが100例集まらなかったため，'二本''二枚'のデータだけで議論を行っている。

表7 文学における'一人''二人''三人'数量表現の出現数

	文学一人	文学二人	文学三人
NCQ	14	5	7
NQC	11	5	7
NのQ	9	2	4
QのNC	14	13	19
述部	4	0	3
デ格	17	12	8
代名詞	5	57	38
その他	26	6	14
	100	100	100

'一'には代名詞的用法への偏りがなくなるのがわかる。第8章で見たように，数詞'一'の代名詞的用法には使用制約があり，部分数を照応するときしか使えない。そのため，他の数詞とは数量表現形式の出現分布が違うということがわかるであろう。参考に'三人'についても数値をあげておく。

3. メディア／ジャンルと数量表現

ここでは表5の結果をもとに，メディア／ジャンルと数量表現の関係を論じる。3.1でメディア／ジャンルによって数量詞の振る舞いが変わってくることを指摘した後，3.2で数量表現の諸特徴から新聞というメディア／ジャンルについて述べたい。

表8（＝表5）　メディア／ジャンル別'二人'数量表現の出現数

	文学	新聞	会話
NCQ	5	1	24
NQC	5	18	4
NのQ	2	6	0
QのNC	13	5	0
述部	0	1	10
デ格	12	9	32
代名詞	57	39	21
その他	6	21	9
	100	100	100

3.1　数量伝達と談話の結束性

　メディア／ジャンルによる数量表現形式の違いというのは，これまで中心課題として論じられることはあまりなかった。日本語記述文法研究会編（2009）が，NQC型が新聞に多く話し言葉で使いにくいことを少し紹介している程度である。第6章で指摘したように，数量伝達形式であるNCQ型と全体性・集合性を示すQのNC型という対立は，話し言葉ではほとんど存在しない。NCQ型は(NC)Qや述部型が担っており，全体性・集合性はデ格型が担っていた。表8でも，文学ではQのNC型がある一定割合存在するものの，新聞では少なく，会話ではゼロである。本章ではデータが少ないため，強く主張はできないが，メディア／ジャンルごとの言語研究の重要性が少し示唆できるのではないだろうか。そういった議論の一例をここで紹介したい。

　今回分析に用いたデータにおいて，談話の長さで並べると，文学，新聞，会話の順になる。特に，今回利用している会話コーパスは雑談であり，短い文のやり取りが中心で一人が長く話すということもあまりない。長い談話（テキスト）を相手に伝えなければならない文学とは対照的である。文学で代名詞的用法の割合が非常に高かったことは，こういった談話の長さと関わるのであろう。第2章では，QのNC型もかなり長距離照応が可能であることを指摘した。そこでは数量を一致させることで，先行詞を照応するという機

能があることを論じている。代名詞的用法とQのNC型を足せば70例になる。つまり文学において数量詞は，談話の結束性に関わるマーカーとして働いていることになる。数量詞とは，その名前から数量を伝達するために用いられるものと解釈されがちであるが，文学というジャンルで数量詞を'二人'に限れば，圧倒的に照応に用いられていることがわかるのではないだろうか。反対に会話になると代名詞的用法とQのNC型を足しても21例で，数量詞はむしろ本来の意味で，数量の伝達に関わっていることが予測できる。

　これまで数量詞の照応に関わる機能が大きく注目されることはなかった。第7章で見たDowning (1986) のように数量詞代名詞的用法を扱った論文はあるが，あくまで派生的な機能として扱っている。本章のデータからは，文学においてはむしろ照応の機能の方が出現頻度が高いことを示した。数量詞と照応の関係についてはGivón (2001) が，類型論的に助数詞が照応のマーカーになることがあると指摘していることからも，決して奇異な主張ではないが，本章のデータは，その出現頻度の多さを数字で示している。

3.2　数量表現から見た新聞の特徴

　談話の長さが一番長い文学，一番短い会話の中間に位置している新聞は，一体どのような特徴を持っているのだろうか。代名詞的用法の出現数（39例）が，ちょうど文学（57例）と会話（21例）の中間に位置していたことは，談話の長さから説明が可能であろう。このように，これまでの議論と少し視点を変えて，数量表現から新聞の特徴を記述してみたい。

　まず，表2で見たように，新聞には他と違う'人'の出現割合が他より高く（62.9%），他にない'匹'がトップ5にランクインしていた。これは人間活動を伝えるメディアであることから説明するとしても，日本語記述文法研究会編（2009）の指摘や表8からわかるNQC型の多さはどう説明ができるのだろうか。

　第3章では「NQC型はQに重点を置いて表現したいときに用いる」という仮説を提示した。また，NCQ型との違いの議論で，NQC型には目録・リストとして数量を提示する機能があることを指摘した。更に第5章では，名

詞句内数量詞を比較しながら，NQC 型には異質性の許容という特徴があることを指摘した。こういった特徴をここに再掲してまとめる。

(2) Q に重点を置く，目録・リストとして提示する，異質性を許容する

第 3 章で論じた通り，新聞において数量情報は，死者の数など事件の大きさに直接関わる重要情報であった。当然，数量を正確に伝えなければならないという特徴から，Q に重点を置くこの形式が用いられることになる。次に第 3 章で紹介した目録・リストの例をここに再掲する。

(3) 　民間の経験や知識を地域の活力につなげたいと募集は昨年から始めた。昨年は事務系 10 人と技術系 5 人を採用した。　　　（朝 03.9.11）
(4) 　団体の指導者と見られる女性 (69) を含む女性 24 人と男性 25 人が分乗していた。他に猫 10 匹とインコ 2 羽がいた。　　　（朝 03.5.7）
(5) 　レイエス国防相によると，派遣団は国軍兵士 300 人，警官 100 人，医師や看護士など専門家 100 人で構成される。　　　（朝 03.4.11）

これらの例に共通するのは，ある集団の内訳を提示するという特徴である。(3) の採用に関するニュースであれば，どんな人を何人採用したのか，(4) (5) のような人間の集団に関するニュースなら，どういった構成になっているのかという内訳を目録・リスト化することで，情報の正確さを伝えることにつながる。逆に内訳がないと，ニュース内容がぼやけてしまうであろう。異質性の許容については，同質性を要求する Q の NC，異質性を要求する N の QC に対して，どちらも許容できる NQC は使い勝手がよいという説明ができる。ここでの議論をまとめると，新聞の特徴は重要な数量情報を重点化する，集団の内訳を目録・リスト化して提示する，同質な集団も異質な集団も許容するといった NQC 型の性質と相性がいいということになる。

4. 語彙と数量表現

ここでは表6, 7をもとに語彙と数量表現の関係について議論したい。具体的には数詞が'一'とそれ以外の場合, 助数詞が'人'とそれ以外の場合で, 数量表現が異なることを指摘する。説明の便宜上, 表7から再掲する。

表9 (=表7) 文学における'一人''二人''三人'数量表現の出現数

	文学一人	文学二人	文学三人
NCQ	14	5	7
NQC	11	5	7
NのQ	9	2	4
QのNC	14	13	19
述部	4	0	3
デ格	17	12	8
代名詞	5	57	38
その他	26	6	14
	100	100	100

ここでは数詞が'一'のときは他と比べて数量表現の分布が異なっている。これは今までの数量詞研究において暗黙の了解のようなもので, 数量詞移動や数量詞の形式と意味の関係を扱うような論文では, 特に指摘することもなく数詞'一'は例文から除外して研究されてきている。本章では, そういった暗黙の了解をデータで示しただけのことである。具体的には, 代名詞的用法の割合がぐっと下がること, 定番4形式がだいたい均等に出現していることなどが数詞'一'の特徴として言える。

ここでは表6を再掲して, 助数詞の違いによる数量表現の分布について詳しく見ていきたい。

表10（＝表6） 文学における'二人'と'二つ'数量表現の出現数（再掲）

	文学二人	文学二つ
NCQ	5	18
NQC	5	4
NのQ	2	2
QのNC	13	46
述部	0	4
デ格	12	0
代名詞	57	4
その他	6	22
	100	100

助数詞が変われば数量表現各形式の分布が異なるということを主張してきた先行研究は管見の限り存在しない。それゆえに，先行研究では自由に，様々な助数詞を用いた例文が使われてきた。本章のデータは，数量表現の研究の際，助数詞に統制をかける必要性があることを示している。具体的には文学作品で比べると，QのNC型が'つ'で多く出現し，代名詞的用法が'人'で多かった。ただ，QのNC型が'人'で少ないのは，デ格型が用いられていることも関わっている。第6章で指摘した通り，QのNC型とデ格型は機能が類似している。また，デ格型は'人'以外で使いにくい。つまり，文学作品においては数量伝達のための形式と全体性・集合性を持つ数量を提示する形式の対応が以下のような関係になっていることを示唆する。

表11 全体性・集合性を提示：助数詞'人'と'つ'

	数量伝達のための形式	全体性・集合性を提示する形式
'人'	NCQ型	デ格型，QのNC型
'つ'	NCQ型	QのNC型

2.2ですでに見たように，QのNC型は100例収集したデータのうち，'つ'で46例，'本'が45例，'枚'が44例であり，'人'の13例とは大きく異なっていた。つまり，モノに関わる助数詞はQのNC型が多いと言える。

先行研究がこれまで Q の NC 型に偏っていたのは，ここまで述べてきたように様々な理由や経緯による。基底形であると考えられていた時代があったり，英語基準の議論であったり，出現頻度が高いと指摘されていたりしたためである。それに加えて，助数詞に統制をかけず分析を行ってきたことも一因ではないだろうか。これからの議論を行う際には，助数詞による出現頻度の違いにも注意を払って研究を進めるべきである。

5. 本章のまとめと課題

　数量詞に関する基礎データを提示すべく，2.節ではコーパスで助数詞や数詞の出現数ランキングを見た。その結果，'二人'というのが出現頻度から見た数量詞の典型であることがわかり，3.節では'二人'がどういった数量表現形式の分布を取るのか概観した。本章の主な主張は，メディア／ジャンルによって数量表現の出現頻度は変わるということ，数詞や助数詞といった語彙によっても数量表現の出現頻度は変わるということである。また，これまで小説が比較的多く利用されてきたことで研究に偏りをもたらしていることを示した。今後は様々なジャンルへと広がっていくべきであろう。

　最後に方法論に関する課題を述べたい。本章では，数量表現の形式を分析する際，100 例ずつのサンプリングを行っている。ただ，この方法ではメディア／ジャンルの代表性を有する例文が収集できたかどうか疑問が残る。しかし，出現頻度の分布を議論の俎上に乗せることの必要性は示せたのではないだろうか。今後更なる分析を行うにはコーパスに出現する全数を形式ごとに分類して，それらを出現割合で比較するといった手法が必要であろう。

補注　少納言と中納言

　BCCJWで分析する際，インターネット上で簡単に使えるのが少納言である。検索結果が500例しか表示できない少納言であるが，本章のような100例程度の分析をするには手軽にできて便利である。ただ，500例を超える対象は，検索する度に表示される検索結果が変わるため注意が必要である。本章では少納言のネット上に表示される検索結果を，田野村忠温氏によるbccwj2excelを用いて，エクセルファイルに変換している。

http://www.tanomura.com/research/bccwj2excel/

　中納言は事前申請が必要なため少し手間がかかるが，少納言と同じくネット上で使える点は便利である。2013年3月現在，無料で使用することが可能である。中納言はダウンロードしたら全データを見ることができる。本章でも500を超えるような大きなデータを扱いたい場合はこちらを用いている。なお，ダウンロードしたテキストファイルをそのまま開いても読めないので，秀丸（テキストエディタ用ソフト）などを使ってshift-jisに変換するか，エクセルを先に開いてから，「開く」→「すべてのファイル」という手順で，テキストファイルをエクセルで開くことによって読めるようになる。

　少納言，中納言，bccwj2excel，製作に関わってくださったすべての方の努力とご好意に感謝いたします。

第 10 章

結　論

　最後に，結論としてここまで各章で論じてきたことをまとめる。日本語数量詞の諸相とは，大きく分けて，数量表現の使い分けに関する議論と，数量表現以外の数量詞使用に関する議論から構成されている。それらを順に概観した後，日本語研究における数量詞研究の意義について述べたい。最後に，日本語の記述的研究のあり方（方法論）について若干の提案を行って本稿を締めくくることにする。

1.　日本語数量詞の諸相：数量詞は数量を伝えるコトバか？

　結論から言えば，メディア／ジャンルによっては談話の結束性に関わる部分が大きいということになる。本稿では，数量詞に関わる様々な現象を記述した上で，その出現頻度についてもデータを提示してきた。第9章でも見た通り，出現頻度の高い助数詞'人'と数詞'二'のデータを用いて，文学というジャンルに限定すれば，数量詞は過半数が代名詞的用法であった。更に第2章で論じたようなQのNC型が照応で用いられる現象を考慮すると，かなりの割合が照応に関わっているということになる。また，第8章では数詞'一'について論じているが，'一'には定阻止とでも言うべき不定の用法があった。つまり，数量詞は，文学のような長い談話（テキスト）において，先行文脈と当該の文をつないだり，切断したりするという働きを担っている。改めて，こういった談話の結束性が数量詞機能の大きな部分を占めていることを

ここで主張したい。もちろん，会話では本来の数量を伝達する機能が十分発揮されている。

1.1 数量表現としての数量詞使用

第 1 章で本稿前半の中心テーマとしてあげたのは，数量表現の使い分けに説明を与えることである。数量表現の定番 4 形式について第 1 章とは少し例文を変えて再掲する。

① 　学生を三人招待した 　　　　　　　（NCQ 型）
② 　三人の学生を招待した 　　　　　　（Q の NC 型）
③ 　学生三人を招待した 　　　　　　　（NQC 型）
④ 　須田と山本と岩田の三人を招待した （N の QC 型）

　第 5 章で論じたように，NCQ 型以外はすべて名詞句内に数量詞があるという共通点があった。つまり NCQ 型だけは名詞句を形成せずに，数量詞が名詞（句）の外にある。文レベルで数量詞が焦点化されるのが NCQ 型であり，これが数量表現の基本形であるというところから議論は出発している（第 1 章）。文脈なしで数量を伝えるための表現が NCQ 型であるとも言える。
　では，Q の NC 型，NQC 型，N の QC 型はどうなるのであろうか。第 5 章の議論で，これらは名詞句内にあり，かつ Q が N の全体数を表すところから，集合物認知を表すという共通点が確認できた。つまり，これらはある集合物について叙述する形式であると言える。集合物の数がいくつあるのかは二次的な情報となる。この点において数量を伝えるための NCQ 型とは大きく異なる。
　名詞句内数量詞の三つの用法については，それぞれ第 2 章，第 3 章，第 4 章で論じた後で，第 5 章にまとめた通りである。まず，意味的な中心（重点）が N にあるのか Q にあるのかで Q の NC 型か NQC 型かが使い分けられると主張した。重点が Q にあるということから派生して，NQC 型には目録・リストとして提示する機能があることも指摘した。名詞句だけを取り出して Q

のNとNQを比較すると，数量を焦点化したり，強調したりする文脈にNQが使われることは実例を示しながら第3章で確認した通りである。次に，意味的な中心の違いから，同質な集合物を要求するQのNC型，異質な集合物を要求するNのQC型，どちらも許容できるNQC型という性格が明らかになった。これは名詞句内数量詞は集合物の均質性によって使い分けられるという主張である。

第6章では，会話データからそこで使われる数量表現を論じた。文脈などを考慮すると述部型やデ格型といった既出の名詞を言わなくても成立する表現がよく使われていることを確認した。本節冒頭で，文脈などがなければNCQ型が基本形であると述べたが，文脈に依存するような会話場面では，述部型が基本形であることも第6章で確認した。

⑤　　学生は三人だ　　　　　　（述部型）
⑥　　学生が三人で住んでいる　（デ格型）

こういった述部型やデ格型はこれまで議論されることはなかった。これについては2.節で詳しく述べる。

1.2　数量表現以外の数量詞使用

日本語の数量詞が数量表現だけでなく様々な機能を持つことも見てきた。日本語数量詞が代名詞の代わりに広く使用されていることは第7章で見た通りである。照応表現に限らず直示表現でも広く使用が確認できた。数量詞代名詞的用法は，日本語の人称代名詞が持つ制限を補う形で存在していた。第7章I部で確認したのは，数量詞が抽象的な情報しか持たないことから文脈を頼りに聞き手が指示物を追跡するというプロセスである。直接指示物を特定しないことにより柔軟に様々な指示物を表せることを主張した。文脈依存的な使用であることから，個体性が低くて聞き手が追跡できないときには場指示語の付加が必要になってくることは第7章II部で論じた。

数量表現の数詞を'一'にすると，数量情報以外の情報が加えられることを

見たのが第8章である．その数詞'一'の特殊性は，'一'という概念が二つのイメージスキーマを持つということで説明が可能であると主張した．ある集合を前提とし，その全体を表す要素包含型，集合の中の'一'を取り出す要素取り出し型，この2タイプによって説明を試みた．要素取り出し型で説明できるとした不定用法は，第2章で論じたQのNC型と対照的な振る舞いをしている．第2章では，Nが定名詞句になることで，QのNC型の典型例が成立しているという主張を行った．つまり，数詞を'二以上'にするか'一'にするかで定・不定を分けていることになる．ただし，日本語の不定用法は義務的ではないことは第8章で確認した通りである．

ここでまとめた数量表現以外の数量詞使用とは，談話の結束性に関わる機能と言い変えてもかまわない．この機能はジャンルによっては出現頻度が非常に高いということを第9章で確認した．

1.3 数量詞研究の意義

本稿以前で，日本語の数量詞を体系的に記述したものにDowning (1996) がある．この日本語数量詞を記述的に研究したバイブル的存在が英語で書かれていたわけである．Downing (1996) は，非常に優れた記述を行っており本稿もこの先行研究に負うところが大きいが，事象のあり方の記述に重点が置かれている点，データが小説に偏っている点は否めない．本稿は第1章でも断った通り，事象のあり方だけでなく，その理由を考察するように心がけている．また，小説，新聞，漫画，会話コーパスなど，なるべく広いデータを用いて研究を行った．もちろんその妥当性や評価は読者に委ねなければならない．本稿が今後の数量詞研究のたたき台となることを期待している．

数量詞の記述的研究として本稿を進めてきたわけであるが，第1章で見たように数量詞と名詞の性や数は似たカテゴリーとして扱われてきた．更に，定・不定の区別には数量表現が関わっていることを第2章，第8章で確認し，議論は総称性，非制限的連体修飾などに及んだ．第7章は数量詞代名詞的用法を取り上げ，数量詞を照応という点から論じた．照応も定の一種である．

このように本稿は，名詞の性・数，定・不定(照応)，総称性，非制限的連

体修飾といった議論について多くの紙面を割いてきた。これら名詞に関する文法カテゴリーはまだあまり研究が進んでいない分野であり（野田2005），これからの発展が期待できる。中でも定・不定の議論は第2章で確認したように，定冠詞と独立した形で定名詞句を定義することは難しい。そこでは「定とはどういうものか？」という議題が「theが付くのはどういったときか？」にしばしばすり替わっていることを紹介した。つまり，定冠詞を持つ言語では，逆に定・不定の議論が難しくなる部分もあるのではないだろうか。「（日本語は）「冠詞がない」（限定詞が統語範疇ではない）というまさにそのことのために，名詞句の研究に貢献することができる可能性を持っている」（庵2007: 164）という指摘もある通り，このテーマは日本語から言語学へ貢献できるテーマの一つだと考える。

2. ポスト『現代日本語文法』世代の研究方法論について

　2000年の「日本語文法学会設立記念フォーラム記念講演」で野田尚史氏はすでに，日本語文法研究の閉塞感を指摘されている。その予稿集は「最近の文法研究はつまらない」から始まる。これは若手批判の文脈ではなく，研究する対象がだんだんなくなっているという意味で用いられている。そこで言われた「もはや効率的にイモを作れない」というメタファーは，その後若手研究者に語り継がれている。筆者が大学院に入った2002年は，まさにそういう時期であり，研究分野の選定に苦労した世代である。追い討ちをかけるように『現代日本語文法』（くろしお出版）の4巻が2003年に発売され，2010年には全7巻が完成する。この参照文典の完成により，どんな現象でも調べればわかってしまう時代になったと言える。そこで更なる研究を行おうとする我々は，研究方法を改めて考えていかねばならないと考える。

　ここでは，本稿を振り返りながら，これからの研究方法について論じたい。なお，ここで指摘する内容は，コーパスを用いて行うタイプの方法論であり，数ある研究方法の一つに過ぎないことをここで述べておく。また，内容自体はすでに実践しておられる研究者も多いため，諸先輩方には釈迦に説

法である．あくまで明示的に整理するということに価値を見出して読んでいただけたら幸いである．テーマ選びに苦しんでいる大学院生を想定している．

2.1 記述方法の逆転

第1章で見た通り，数量表現には定番4形式があり多くの先行研究はそこから出発している．つまり形式が先に存在して，その意味・機能を記述してきた．第6章で述べた述部型やデ格型が全くこれまで扱われていないのは，こういった形式先行の研究方法が行われていたことと無縁ではないだろう．そこで提案したいのは，記述方法の逆転である．つまり形式先行ではなく，意味・機能先行の研究である．本稿で言えば，QのNC型という形式は全体性・集合性という意味・機能を持つとされてきた．しかし第6章で見た通り，「全体性・集合性を持つ形式は何か？」という出発点なら，デ格型が当然議論に上がってくるはずである．各種コーパスが整備された今，こういった検証は工夫次第で可能である．最初に形式ありきの研究では，こういった他の形式との関係に議論が及びにくく，日本語教育への貢献を考えても，意味・機能から形式を記述するスタイルがますます重要になってくるのではないだろうか．

2.2 メディア／ジャンルと絡めた研究

ここで提案するのは，『現代日本語文法』の記述を深化させる方向である．これまではある程度普遍的で一般的な記述を目指して行われてきた．それらの成果を踏まえたこれからの方向性としては，メディアやジャンルごとの記述があるのではないか．先行研究で数量表現の基本形式とされてきたNCQ型であるが，会話コーパスで見れば，述部型が数情報の伝達場面で用いられていた．また先行研究ではQのNC型に議論が集中しており，出現頻度も5割程度という高い割合を示されていた．しかしそれは小説というジャンルにおける出現頻度であって，会話には出てこないことを第6章で示した．文学というジャンルに限定すれば代名詞的用法は全体の過半数を占めることなど，メディア／ジャンルを細かく設定すれば，まだまだ新しい事実が

指摘できるはずである。

2.3 語彙と文法を絡めた研究

　数詞が'一'と'二以上'で意味・機能が異なることは，先行研究でも指摘されており，本稿でも第8章で詳細に論じてきた。また数詞が'一'と'二以上'では，数量表現各形式の出現頻度の分布が異なることも第9章で指摘した通りである。具体的には'一'になると代名詞的用法が極端に減るというものであった。こういった語彙と文法形式の関係は，コーパスを利用すればまだまだ発展していける分野であろう。

　また本稿では助数詞が人間を表す'人'なのか，モノを表す'つ，本，枚'なのかで数量表現の出現頻度の分布が異なることを示した。具体的には，QのNC型は圧倒的にモノの場合に使われているということであった。こういった助数詞が異なると出現形式が異なるという主張はこれまでなかったものであり，まだまだ研究の余地はある。共起する動詞を見るというのも一つの方法であろう。本稿では論じていないが，『名大会話コーパス』を見るとNCQ型と共に使われているのは，半分以上が存在動詞「いる・ある」であった。

　ここまで2.節では，日本語研究の方法論について論じてきた。これから日本語研究が発展，展開していく際，本稿が少しでも貢献できるようなら幸いである。方法論に関するやや主観的な展望を指摘させていただいたところで，本稿を締めたい。

謝　辞

　当初，博士論文の構想として頭の中にあったものは，何とか形にすることができた。とにかく現段階でこれが自分の全力投球である（ストライクゾーンに入るかどうかは別として…）。素敵な人たちとの出会い，素敵な本との出会いがこの論文の基礎になっている。

　指導教員である春木仁孝先生と大森文子先生，お二人の授業を軸として，この3年間研究活動を行ってきた。私の拙い議論に乗った上で，いろいろコメントをくださるお二人の指導は的確で，いつも進むべき方向を教えていただいた。この論文を読み返すと，章によって春木先生の顔が浮かんだり，大森先生の顔が浮かんだりする。

　LCCC研究会の三藤博先生，由本陽子先生には，研究会での発表のたびにコメントをいただいた。お二人ともお忙しい中，毎回研究会に来てくださり頭が下がる思いである。いつも議論の展開を厳しくチェックしてくださり，独りよがりな議論になりがちな私の発表を正してくださった。その他，大阪大学言語文化研究科でご指導いただいた先生方，すべてのお名前をここにあげることはできないが大変感謝している。

　大阪外国語大学では堀川智也先生，沈力先生（本務校は同志社大学）の授業に参加させていただいた。ただコメントが鋭いというだけでなく「言葉を研究することは楽しいんだ！」ということを体一杯で表現しておられるお二人からは，理想的な研究への取り組み方を教えていただいた。

　学外の研究会にも目を向けたい。「とある言葉の会」の岩男考哲氏，建石始氏には，研究会で発表の機会を与えていただいただけでなく，いつも有益なコメントをいただいた。また，お二人を通じて益岡隆志先生の集中講義や

研究会にも参加させていただき，他大学の大学院生とも知り合うことができた。

　院生仲間として同期の山本大地氏とは，よきライバル，よき相談相手として常に切磋琢磨してきた。対象とする言語は違えど研究姿勢は同じで，たびたび交わした議論は忘れられない。そして，本稿の草稿に隅々まで目を通してチェックをしてくれた布尾勝一郎氏には専門外ならではの視点で多くの示唆をいただいた。

　最後になったが，数量詞という研究対象に出会えたことが，私の研究活動を決定する大きな要因であったと思う。様々な分野へと広がっていくこの興味深い対象があったからこそ，この論文を書き続けることができた。私の名前が'かずなり（一成）'であることにも何か不思議な縁を感じてしまう。この名前を私に与え，あらゆる援助を惜しみなくしてくれた両親に感謝している。

2006年11月　滋賀

フロンティアシリーズ刊行につきまして

　本書は，岩田一成が2007年に大阪大学言語文化研究科へ提出した博士論文『日本語数量詞の諸相――数量詞の位置と意味の関係を中心に』をもとに全体を再構成したものです。出版に当たって査読者の方々から非常に有益なコメントをいただき，それに従って修正を加えております（第6章と第9章は新規追加）。改めてここに感謝申し上げます。

　博士論文を提出してからすでに6年が経ちました。この間，妻1人と子供2人にダンゴムシ3匹が家族に加入してくれました。立派な研究室には，パソコン2台と書籍数百冊に傘が2本あります。この6年を振り返り，上記謝辞にない方だけ紹介させていただくと，コーパスや各種ツールについて指導してくれた森篤嗣氏，談話や照応に関して相談にのってくださった庵功雄氏，両氏には大変お世話になりました。また，本稿の執筆に際して原稿にすべて目を通し，学生ならではの疑問点をぶつけてくれた西本淳一郎君にも感謝いたします。そして，学術書が売れないと言われるこの時代，こういった企画を続けてくださるくろしお出版さまには大変感謝いたしております。学生時代からの憧れだったフロンティアシリーズで自分の著書が出せるなんて夢のようです。池上達昭さまは我慢強く執筆を見守ってくださいました。荻原典子さまは本稿を細部まで細かくチェックしてくださいました。何とか刊行まで辿りつけたのはお二人のおかげです。締めは本書の主要テーマでもある数量詞の代名詞的用法にて…

2013年5月　広島

用例出典

(朝○○) 朝日新聞朝刊　○○の部分は日付
(1・2の)『1・2の三四郎 2』(小林まこと／講談社)
(田舎)『田舎教師』(田山花袋／新潮文庫)
(浮雲)『浮雲』(二葉亭四迷／岩波文庫)
(うぶめ)『姑獲鳥の夏』(京極夏彦／講談社)
(女社長)『女社長に乾杯！』(赤川次郎／新潮文庫)
(川)『日本の川を旅する』(野田知佑／新潮社)
(教養)『教養としての言語学』(鈴木孝夫／岩波新書)
(こちら)『こちら葛飾区亀有公園前派出所』(秋元治／集英社)
(ゴルゴ)『ゴルゴ 13　さいとう・たかをスペシャル』(さいとうたかを／小学館)
(さぶ)『さぶ』(山本周五郎／新潮社)
(三四郎)『三四郎』(夏目漱石／角川文庫)
(3 匹のこぶた)『3 びきのこぶた』(絵本／大創産業)
(島)『課長島耕作』(弘兼憲史／講談社)
(俊寛)「俊寛」『羅生門・鼻』(芥川龍之介／新潮社)
(柔道)『柔道部物語』(小林まこと／講談社)
(新源氏)『新源氏物語』(田辺聖子／新潮文庫)
(青春)『青春の蹉跌』(石川達三／新潮社)
(手)『白い手』(椎名誠／集英社)
(ニッポン)『「はてな？」のニッポン』(彭飛／祥伝社)
(日本語)「日本語教育における数詞・助数詞」『日本語学』5 巻 8 月号 (田中望・新間英世／明治書院)
(楡家)『楡家の人びと』(北杜夫／新潮社)
(ネット：セーラ)『セーラーの赤いスカーフ』前編　堀井忍
　　http://www.geocities.co.jp/Milkyway-Orion/6931/Red1.html
(ネット：はてな)「人力検索はてな」http://www.hatena.ne.jp/1083296448
(ネット：ブログ 1) http://blog.livedoor.jp/masayuki1982/
(ネット：ブログ 2) http://www.aist.go.jp/NIRE/publica/news-96/96-07-1.htm
(鼻)「鼻」『羅生門・鼻』(芥川龍之介／新潮社)

(華岡)『華岡青洲の妻』(有吉佐和子／新潮社)
(バンド)『バンドネオンの豹』(高橋克彦／講談社)
(避暑地)『避暑地の猫』(宮本輝／講談社)
(ブッダ)『ブッダ』(手塚治虫／潮ビジュアル文庫)
(坊)『坊ちゃん』(夏目漱石／新潮社)
(マスタ)『MASTER KEATON』(浦沢直樹・勝鹿北星／小学館)
(三上)『三上文法から寺村文法へ』(益岡隆志／くろしお出版)
(右や左)『もし「右」や「左」が無かったら』(井上京子／大修館書店)
(みんな)映画『みんなのいえ』(三谷幸喜脚本／東宝)
(モッキン)『モッキンポット師の後始末』(井上ひさし／講談社)
(山本)『山本五十六』(阿川弘之／新潮社)
(落日)『遠き落日』(渡辺淳一／集英社)
(羅)「羅生門」『羅生門・鼻』(芥川龍之介／新潮文庫)
(流転)『流転の王妃の昭和史』(愛新覚羅浩／新潮文庫)
(読売)『読売新聞ウェブ版』

*出典の明記してないものは作例

参考文献

アージェージュ，クロード(1982)『言語構造と普遍性』(日本語訳:東郷雄二・春木仁孝・藤村逸子 1990) 白水社

飯田朝子(1998)「数量詞遊離は統語論の問題か?—三原(1998)"動詞のアスペクト論"の妥当性を考える—」『幻語』28 号 pp. 19–23 MAYL 月刊機関誌

飯田朝子(2004)『数え方の辞典』町田健監修 小学館

飯田朝子(2005)『数え方でみがく日本語』筑摩書房

庵功雄(1994)「定性に関する一考察—定情報という概念について—」『現代日本語研究』1 号 pp. 40–56 大阪大学文学部日本学科

庵功雄(2007)『日本語におけるテキストの結束性の研究』くろしお出版

庵功雄・高梨信乃・中西久美子・山田敏弘(2000)『日本語文法ハンドブック』スリーエーネットワーク

池上秋彦(1971a)「形式名詞(述語項目)」松村明編『日本文法大辞典』明治書院

池上秋彦(1971b)「数詞(述語項目)」松村明編『日本文法大辞典』明治書院

池上禎造(1940)「助数詞攷」『国語国文』10 巻 3 号 pp. 1–27

池上嘉彦(2000)『「日本語論」への招待』講談社

李在鎬(2009)「多変量解析による助数詞の分析」『日本語学』28 巻 7 号 pp. 44–57

泉井久之助(1978)『印欧語における数の現象』大修館書店

井上和子(1975)「構造と生成」『国語学』101 号 pp. 1–18

井上和子(1978)『日本語の文法規則』大修館書店

井上京子(1999)「助数詞は何のためにあるのか」『月刊言語』28 巻 10 号 pp. 30–37

井上京子(2003)「意味の普遍性と相対性」松本曜編 池上嘉彦・河上誓作・山梨正明監修『認知意味論』pp. 251–294 大修館書店

今井むつみ(2010)『ことばと思考』岩波新書

今里典子(2004)「非類別／類別詞言語を決定する要因について」西光義弘・水口志乃扶編『類別詞の対照』pp. 39–57 くろしお出版

岩田一成(2005)「日本語数量詞の代名詞的用法」『自然言語への理論的アプローチ—意味編—』pp. 11–18 大阪大学大学院言語文化研究科

岩田一成(2006a)「日本語数量詞の代名詞的用法と場指示語」『日本語文法』6 巻 1 号 pp. 38–55

岩田一成（2006b）「日本語数量表現NのQC型に関する一考察」『自然言語への理論的アプローチ―意味編―』pp. 1–10　大阪大学言語文化研究科
岩田一成（2007a）「数量表現と全体数に関する日中対照研究」『自然言語への理論的アプローチ』pp. 11–20　大阪大学言語文化研究科
岩田一成（2007b）「日本語 '名詞句内数量詞' の位置と意味」『KLS』27号 pp. 226–235
岩田一成（2008）「属性Qと日本語助数詞の体系」『日本語文法』8巻1号 pp. 68–84
岩田一成（2011）「数量表現における初級教材の「傾き」と使用実態」庵功雄・森篤嗣編『日本語教育文法のための多様なアプローチ』pp. 101–122　ひつじ書房
岩田一成（2012）「使役における初級教材の「偏り」と使用実態」『日本語／日本語教育研究』3号 pp. 21–37
宇都宮裕章（1995a）「数量詞の機能と遊離条件」『共立女子大学国際文化学部紀要』7号 pp. 1–26　共立女子大学
宇都宮裕章（1995b）「日本語数量詞体系の一考察」『日本語教育』87号 pp. 1–11
江副隆秀（1987）『外国人に教える日本語文法入門』創拓社
大木充（1987）「日本語の遊離数量詞の談話機能について」『視聴覚外国語教育研究』10号 pp. 37–67　大阪外国語大学
大津由紀雄（1996）『探検！　ことばの世界』日本放送出版協会
岡村和江（1972）「代名詞とは何か」鈴木一彦・林巨樹編『品詞別日本文法講座2　名詞・代名詞』pp. 79–121　明治書院
奥津敬一郎（1969）「数量的表現の文法」『日本語教育』14号 pp. 42–60
奥津敬一郎（1983）「数量詞移動再論」『人文学報』160号 pp. 1–23　東京都立大学
奥津敬一郎（1986）「日中対照数量表現」『日本語学』5巻8号 pp. 70–78
奥津敬一郎（1989）「数量表現」井上和子編『日本文法小事典』pp. 200–204　大修館書店
奥津敬一郎（1996a）「連体即連用？　第3回」『日本語学』15巻1号 pp. 112–119
奥津敬一郎（1996b）「連体即連用？　第4回」『日本語学』15巻2号 pp. 95–105
尾谷昌則（2002）「Quantifier Floating in Japanese: From A Viewpoint of Active-Zone/Profile Discrepancy」『日本認知言語学会論文集』第2巻 pp. 96–106
加藤一郎（1972）「名詞とは何か」鈴木一彦・林巨樹編『品詞別日本文法講座2　名詞・代名詞』pp. 25–54　明治書院
加藤重広（1997）「日本語数量詞に見る認知とテキスト戦略」『月刊言語』26巻11号 pp. 91–95
加藤重広（2003）『日本語修飾構造の語用論的研究』ひつじ書房
加藤重広（2006）「日本語の複数形―2つの複数と集合認知―」『国語国文研究』130号 pp. 1–15　北海道大学国語国文学会
加藤万理（2005）「日本語の制限・非制限修飾に関する一考察」『日本語文法』5巻1号 pp. 3–19
加藤美紀（2003）「もののかずをあらわす数詞の用法について」『日本語科学』13号 pp. 33–57

金谷武洋（2002）『日本語に主語はいらない』講談社選書メチエ
神尾昭雄（1976）「言語論から見た言語の異常」『月刊言語』5 巻 11 号 pp. 42–52
神尾昭雄（1977）「数量詞のシンタックス」『月刊言語』6 巻 8 号 pp. 83–91
河合隼雄（1994）『昔話の深層』講談社
川端善明（1967）「数・量の副詞」『国語国文』36 巻 10 号 pp. 1–27
木枝増一（1937）『高等国文法新講　品詞篇』東洋図書
北原博雄（1996）「連用用法における個体数量詞と内容数量詞」『国語学』186 集 pp. 29–42
切替英雄（2006）「アイヌ語の 1 を示す数詞」『言語研究』129 号 pp. 227–242
金水敏（1986）「連体修飾成分の機能」松村明教授古稀記念会編『松村明教授古稀記念　国語研究論集』pp. 602–624　明治書院
金水敏（1989）「代名詞と人称」北原保雄編『講座　日本語と日本語教育 4』pp. 98–116　明治書院
金水敏（2005）「歴史的に見た「いる」と「ある」の関係」『日本語文法』5 巻 1 号 pp. 138–157
金水敏・田窪行則（1990）「談話管理理論からみた日本語の指示詞」日本認知科学会編『認知科学の発展 3』pp. 85–116　講談社
金田一春彦（1988）『日本語新版　下』岩波新書
久野暲（1978）『談話の文法』大修館書店
郡司隆男（1997）「文法の基礎概念 2」益岡隆志・仁田義雄・郡司隆男・金水敏著『言語の科学 5　文法』pp. 79–118　岩波書店
見坊豪紀（1965）「現代の助数詞」『言語生活』166 号 pp. 54–60
小林昌博（2004）「数量詞の形式と量化の領域―日英語の対照の観点から―」佐藤滋・堀江薫・中村渉編『対照言語学の新展開』pp. 125–135　ひつじ書房
阪田雪子（1971a）「で（助詞：語彙項目）」松村明編『日本文法大辞典』明治書院
阪田雪子（1971b）「と（助詞：語彙項目）」松村明編『日本文法大辞典』明治書院
坂原茂（1989）「メンタル・スペース理論概説」仁田義雄・益岡隆志編『日本語のモダリティ』pp. 235–246　くろしお出版
坂原茂（2000）「英語と日本語の名詞句限定表現の対応関係」坂原茂編『認知言語学の発展』pp. 213–249　ひつじ書房
坂原茂（2006）「トートロジとカテゴリ再構成のダイナミズム」『関西言語学会第 31 回大会ハンドアウト』
佐久間鼎（1936）『現代日本語の表現と語法』（復刻版）くろしお出版
佐治圭三（1991）『日本語の文法の研究』ひつじ書房
澤田美恵子（2000）「「とりたて」という概念の創出」『日本語学』19 巻 5 号（四月臨時増刊号）pp. 110–119
柴谷方良（1978）『日本語の分析』大修館書店
鈴木一彦（1997）『日本語文法の本質』東宛社
高見健一（1998a）「日本語の数量詞遊離について―機能論的分析（上）―」『月刊言語』27

巻1号 pp. 86–95
高見健一 (1998b)「日本語の数量詞遊離について―機能論的分析（中）―」『月刊言語』27巻2号 pp. 86–95
高見健一 (1998c)「日本語の数量詞遊離について―機能論的分析（下）―」『月刊言語』27巻3号 pp. 98–107
高見健一・久野暲 (2002)『日英語の自動詞構文』研究社
田窪行則 (1989)「名詞句のモダリティ」仁田義雄・益岡隆志編『日本語のモダリティ』pp. 211–233　くろしお出版
田窪行則・木村英樹 (1997)「中国語，日本語，英語，フランス語における三人称代名詞の対照研究」大河内康憲編『日本語と中国語の対照研究論文集』pp. 137–152　くろしお出版
建石始 (2003)「談話のストラテジーとしての後方照応」『日本語教育学会秋季大会予稿集』pp. 47–52
建石始 (2006)「非指示的名詞句における数詞「一」の独自性」『日本語文法学会第7回大会発表予稿集』pp. 187–194
田中敦子 (1987)「国語助数詞試論」『国文目白』26号 pp. 33–41　日本女子大学国語国文学会
張麟声 (1983)「日中両語の助数詞」『日本語学』2巻8号 pp. 91–99
張麟声 (2001)『日本語教育のための誤用分析』スリーエーネットワーク
塚本秀樹 (1986)「数量詞の遊離について―日本語と朝鮮語の対照研究―」『朝鮮学報』第119・120輯 pp. 33–69　朝鮮学会
築島裕 (1965)「日本語の数詞の変遷」『言語生活』166号 pp. 30–37
角田太作 (1991)『世界の言語と日本語』くろしお出版
寺村秀夫 (1968)「日本語名詞の下位分類」『寺村秀夫論文集Ⅰ (1992)』所収 pp. 3–20　くろしお出版
寺村秀夫 (1975)「連体修飾のシンタクスと意味―その1―」『寺村秀夫論文集Ⅰ (1992)』所収 pp. 157–207　くろしお出版
寺村秀夫 (1977a)「連体修飾のシンタクスと意味―その2―」『寺村秀夫論文集Ⅰ (1992)』所収 pp. 209–260　くろしお出版
寺村秀夫 (1977b)「連体修飾のシンタクスと意味―その3―」『寺村秀夫論文集Ⅰ (1992)』所収 pp. 261–296　くろしお出版
寺村秀夫 (1980)「名詞修飾部の比較」『寺村秀夫論文集Ⅱ (1992)』所収 pp. 139–184　くろしお出版
寺村秀夫 (1991)『日本語のシンタクスと意味Ⅲ』くろしお出版
東郷雄二 (2005)「フランス語の隠れたしくみ　13. 数量表現と意味の重み」『ふらんす』80巻4号 pp. 72–75　白水社
中川正之・李浚哲 (1997)「日中両国語における数量表現」大河内康憲編『日本語と中国語の対照研究論文集』pp. 96–116　くろしお出版

西江雅之(1978)「クラスと数」『月刊言語』7 巻 6 号 pp. 34–41
西山佑司(2003)『日本語名詞句の意味論と語用論―指示的名詞句と非指示的名詞句―』ひつじ書房
日本語記述文法研究会編(2009)『現代日本語文法 2』くろしお出版
野田尚史(1992)「連体修飾のシンタクスと意味―その3― 解説」『寺村秀夫論文集Ⅰ』p. 372 くろしお出版
野田尚史(2005)「これからの文法論の焦点」『日本語学』24 巻 4 号 pp. 16–27
橋本進吉(1938)『改制 新文典別記口語篇』冨山房
橋本進吉(1948)『国語法研究』岩波書店
橋本萬太郎(1978a)「性と数の本質」『月刊言語』7 巻 6 号 pp. 2–12
橋本萬太郎(1978b)「言語類型地理論」『橋本萬太郎著作集第 1 巻 (2000)』所収 pp. 29–160 内山書店
橋本萬太郎(1981)『現代博言学』大修館書店
春木仁孝(1986)「指示形容詞を用いた前方照応について」『フランス語学研究』20 号 pp. 16–32
堀川智也(2000)「数量詞連結構文の本質」『国語と国文学』77 巻 2 号 pp. 44–57 東京大学国語国文学会
本多啓(2005)『アフォーダンスの認知意味論―生態心理学から見た文法現象―』東京大学出版会
益岡隆志(1982)「文法関係と数量詞の遊離」『国語学論説資料 文法・文体』19 号 pp. 39–60 論説資料保存会
益岡隆志(1990)「モダリティ」宮地裕・近藤達夫編『講座 日本語と日本語教育 12』pp. 71–96 明治書院
益岡隆志・田窪行則(1992)『基礎日本語文法―改訂版―』くろしお出版
松本克己(1993)「「数」の文法化とその認知的基盤」『月刊言語』22 巻 10 号 pp. 36–43
松本克己(2007)『世界の言語の中の日本語』三省堂
松本曜(1991)「日本語類別詞の意味構造と体系」『言語研究』99 号 pp. 82–106
眞野美穂(2004)「類別詞「個」と「つ」の認知的考察」西光義弘・水口志乃扶編『類別詞の対照』pp. 129–148 くろしお出版
三上章(1953)『現代語法序説』刀江書院
水口志乃扶(2004)「「類別詞」とは何か」西光義弘・水口志乃扶編『類別詞の対照』pp. 3–22 くろしお出版
峰岸明(1986)『平安時代古記録の国語学的研究』東京大学出版会
三原健一(1994)『日本語の統語構造』松柏社
三原健一(1998a)「数量詞連結構文と結果の含意(上)」『月刊言語』27 巻 6 号 pp. 86–95
三原健一(1998b)「数量詞連結構文と結果の含意(中)」『月刊言語』27 巻 7 号 pp. 94–102
三原健一(1998c)「数量詞連結構文と結果の含意(下)」『月刊言語』27 巻 8 号 pp. 104–113
三保忠夫(2000)『日本語助数詞の歴史的研究』風間書房

三保忠夫 (2004)『木簡と正倉院文書における助数詞の研究』風間書房
三保忠夫 (2006)『数え方の日本史』吉川弘文館
宮地敦子 (1972)「数詞の諸問題」鈴木一彦・林巨樹編『品詞別日本文法講座2　名詞・代名詞』pp. 56–78　明治書院
宮本正興 (1993)「名詞のクラス」『月刊言語』22巻10号 pp. 28–35
三輪正 (2005)『一人称二人称と対話』人文書院
室井努 (1997)「古代の人数の表現について—「-ノヒト」の表現を中心に—」加藤正信編『日本語の歴史地理構造』pp. 72–86　明治書院
室井努 (2006)「今昔物語集の人数表現について—数量詞転移の文体差と用法および数量詞遊離構文に関して—」『日本語の研究』2巻1号 pp. 64–77
森重敏 (1958)「数詞とその語尾としての助数詞」『国語国文』27巻12号 pp. 12–33
森山卓郎 (2000)『ここからはじまる日本語文法』ひつじ書房
矢澤真人 (1985)「連用修飾成分の位置に出現する数量詞について」「学習院女子短期大学紀要」23号 pp. 96–112　学習院女子短期大学
矢澤真人 (1988)「数量の表現」金田一春彦・林大・柴田武編『日本語百科大事典』大修館書店
安田尚道 (1978)「古代日本語の数詞をめぐって」『月刊言語』7巻1号 pp. 75–82
山田孝雄 (1908)『日本文法論』宝文館出版
山田孝雄 (1936)『日本文法学概論』宝文館出版
レイコフ, ジョージ (1987)『認知意味論』(日本語訳：池上嘉彦・河上誓作他 1993) 紀伊国屋書店
ロドリゲス, ジョアン (1608)『日本大文典』(日本語訳：土井忠生 1955) 三省堂
渡辺実 (1952)「日華両語の数詞の機能」『国語国文』21巻1号 pp. 97–109　京都大学国文学会
渡辺実 (1996)『日本語概説』岩波書店

Bolinger, D. (1967) English adjectives: Attribution and predication. *Lingua 18.* pp. 1–34.
Brown, S. R. (1863) *Colloquial Japanese.* Presbyterian Mission Press.
Downing, P. (1984) *Japanese numeral classifiers: Syntax, semantics, and pragmatics.* Ph. D. diss.. University of California, Berkeley.
Downing, P. (1986) The anaphoric use of classifiers in Japanese. In C. G. Craig ed.. *Noun classes and categorization.* pp. 345–375. John Benjamins.
Downing, P. (1996) *Numeral classifier systems: The case of Japanese.* John Benjamins.
Givón, T. (1981) On the development of the numeral 'one' as an indefinite marker. *Folia Linguistica Historica 2-1.* pp. 35–53.
Givón, T. (1983) Topic continuity in discourse: An introduction. In T. Givón ed.. *Topic continuity in discourse: A quantitative cross-language study.* pp. 3–41. John Benjamins.
Givón, T. (2001) *Syntax Volume I.* John Benjamins.

Greenberg, J. H. (1978) Generalizations about numeral systems. *Universals of Human Language Volume 3 Word Structure*. pp. 250–295. Stanford University Press.

Hawkins, J. A. (1978) *Definiteness and indefiniteness: A study in reference and grammaticality prediction*. Croom Helm.

Hinds, J. (1975) Third person pronouns in Japanese. In Fred C. C. Peng ed.. *Language in Japanese society: Current issues in sociolinguistics*. pp. 129–157. University of Tokyo press.

Hopper, P. J. and S. A. Thompson (1980) Transitivity in grammar and discourse. *Language 56*. pp. 251–299.

Imai, M. and D. Gentner (1997) A crosslinguistic study on constraints on early word meaning: Linguistic influence vs. universal ontology. *Cognition 62*. pp. 169–200.

Iwasaki, S. (2002) *Japanese*. John Benjamins.

Kim, A. H. (1995) Word order at the noun phrase level in Japanese. In Pamela A. Downing and Michael Noonan ed.. *Word order in discourse*. pp. 199–246. John Benjamins.

Langacker, R. W. (1987) Nouns and verbs. *Language 63-1*. pp. 53–94.

Leech, N. G. and M. H. Short (1981) *Style in fiction*. Longman.

Lucy, J. (1992) *Grammatical categories and cognition: A case study of linguistic relativity hypothesis*. Cambridge University Press.

Lyons, J. (1977) *Semantics 1*. Cambridge University Press.

Martin, S. E. (1954) *Essential Japanese*. Charles E. Tuttle Company.

Martin, S. E. (1975) *A reference grammar of Japanese*. Yale University Press.

Miyagawa, S. (1989) *Syntax and semantics 22: Structure and case marking in Japanese*. Academic Press.

Naganuma, N. (1951) *Grammar and glossary*. Kaitakusha.

Naito, S. (1995) Quantifier Floating. 高見健一編『日英語の右方移動構文』pp. 199–225　ひつじ書房

Quirk, R. [et al.] (1985) *A comprehensive grammar of the English language*. Longman.

索引

A～Z

adverbialization 9
BCCWJ 199
bounded 14
category 97
characterization 84
definite 27
definiteness 132
definiteness blocking 169
deictic words 144
Devas 112, 124
heavy social constraints 129
indefinite marking flavor 130
individual referents 78, 97
inventories and lists 68
JGREP 124
NCQ 型 5
NP-internal Q 94
NQC 型 5, 55
numeral adjectives 8
N の QC 型 5, 75
quantifier floating 15
quantitative adjectives 8
Q の NC 型 5
Q の NC 型 25
Q の 名詞性 70
refer 81
referents 127
repeated information 97

sequential scanning 34
specific 27
summary scanning 34
summative appositive 79
the anaphoric use of classifiers 126
topicalization 147
unbounded 14

あ

異質性 100
異質な集合物 102
一般的知識 41
意味・機能 220
イメージスキーマ 35, 187
内の関係 85

か

ガ格・ヲ格の特別性 20
書き言葉 198
可算・不可算 14
可算名詞 14
カテゴリー情報 11, 71, 87
冠詞的な機能 167
間接的な追跡 136
眼前描写 49
聞き手 27
基礎データ 200
既知の名詞 116
基本形 21

旧情報　45, 58, 172
共起関係　136
強調　60
共同行為　121
共有の意味　176
均質性　104
空間的　50
形式　220
形式名詞　70
研究方法　219
言語普遍性　30
言語類型論　13
現代日本語書き言葉均衡コーパス　199
語彙　211, 221
個体性　133, 144
固有名詞　36
個レベル　37

さ

ジェンダー（性）　11
時間的　50
指示詞　146
指示的　31
指示物　127
指示物追跡　126, 144
時数詞　7
自然な文　21
実質性　70, 98
質的情報　104
ジャンル　4, 198, 220
集合性　34
集合的認知　33
集合物認知　36, 96
修飾関係　98
重点　59, 98
主格　121
熟語　194

述部型　6, 110
照応　209
照応表現　126
焦点化　21, 39, 60, 109
情報構造　21
情報付加的　37
助数詞　4, 63
助数詞のバリエーション　197
新情報　21, 58, 173
新聞　65
数カテゴリー　13
数・カテゴリー情報　104
数詞　4
数詞'一'の特殊性　168
数情報　71, 87
数量詞　5
数量詞移動　9, 15
数量質問場面　118
数量詞の典型　203
数量詞の品詞論　7
数量詞遊離　15
数量詞類別型言語　13
数量認知　39
正規表現　112
制限的連体修飾　36
生成文法　15
静的　39
静的・非時間的　34
先行文脈　116
全体数　32, 95
全体性　33, 174
全体性・集合性　35, 110
前方照応　45
総称名詞句　37
属性　81
外の関係　85

た

代名詞機能 136
代名詞的用法 126
卓立性 145
単独性 182
談話資源 48
談話の結束性 54, 209, 215
談話の長さ 208
談話理解 48
抽象性 71, 134
抽象的な指示物 157
中途開始技法 46
長距離照応 54
直示的 42
直示表現 126
通時的 18
定 27
定冠詞 27
定阻止 169
定着度 146
定の段階性 28
底の名詞 37, 85
定番4形式 6, 94
定名詞句 29, 91, 172
デ格型 6, 112
テキスト 208
統一感 69
同格名詞構造 56
同質性 100
同質な集合物 102
動的 21, 38
動的・時間的 34
時の名詞 70
特徴付け 84
特定 27
取り立て機能 147
取り立て詞 147

な

人間名詞 150
認識主体 106, 152
人称代名詞 134, 146

は

背景化 39
場指示語 144
話し言葉 199
話し手 27
範囲指定 163
非制限的連体修飾 36, 91
不可算名詞 14
付加的同格 79
複数 100
複数接尾辞 100
不定 27, 172
不定冠詞 27
不定代名詞 128, 184
不特定 27
部分数 32, 77, 95
文脈 43
並列助詞 69

ま

未知 156
結びつきの緊密度 20
無標の形式 19, 21
名詞句内数量詞 93
名詞句内数量詞用法 6
名詞接辞 11
名詞類別型言語 13
名大会話コーパス 112, 199
メディア 4, 197, 220
目録・リスト 68

や

役割指示 154
有界性 14
遊離数量詞文 33
要素取り出し型 187
要素包含型 187

ら

離散的認知 33
類数 100
類別詞 11
連体修飾 36
連体修飾句 85
連体数量詞文 33

■ 著者紹介

著　者　　岩田　一成（いわた　かずなり）

略　歴　　1974年滋賀県彦根市生まれ
　　　　　金沢大学文学部　卒業
　　　　　大阪大学言語文化研究科博士前期・後期課程修了（博士号：言語文化学）
　　　　　国際交流基金日本語国際センター専任講師を経て
　　　　　現在，広島市立大学国際学部准教授．

主要論文　「日本語数量詞の代名詞的用法と場指示語」　〈『日本語文法』6巻1号　2006〉
　　　　　「属性Qと日本語助数詞の体系」　〈『日本語文法』8巻1号　2008〉
　　　　　「言語サービスにおける英語志向―「生活のための日本語：全国調査」結果と広島の事例から―」　〈『社会言語科学』13巻1号　2010〉
　　　　　「数量表現における初級教材の「傾き」と使用実態」
　　　　　　〈『日本語教育文法のための多様なアプローチ』ひつじ書房　2011〉
　　　　　「使役における初級教材の「偏り」と使用実態」
　　　　　　〈『日本語／日本語教育研究』3　2012〉

© IWATA Kazunari 2013, Printed in Japan

Frontier series
日本語研究叢書 27

日本語数量詞の諸相
――数量詞は数を表すコトバか――

2013年11月10日 第1刷発行	著者	岩田　一成
	版元	くろしお出版
		〒113-0033　東京都文京区本郷3-21-10
		TEL　　03-5684-3389
		FAX　　03-5684-4762
		E-mail　kurosio@9640.jp
		http://www.9640.jp
	装丁	スズキアキヒロ
	印刷	シナノ書籍印刷

ISBN978-4-87424-611-5　C3081

このシリーズは現代日本語についての開拓的研究を，同学の士の共同財産とするために、できるだけ発表後すみやかに、廉価な形で刊行することを目的とするものです。国内国外で出された博士論文またはそれに準じると思われる論文ということを一応の基準とします。自薦・他薦とも編集部まで随時ご連絡下さい。

　　　編集委員会　仁田義雄　田窪行則　野田尚史　益岡隆志　森山卓郎
　　　　　　　　（企画：寺村秀夫　顧問：宮地裕　奥津敬一郎　北原保雄）

日本語研究叢書（フロンティアシリーズ）　投稿について

1．審査の対象について
　審査にあたり、下記のいずれかの条件を満たす者を審査の対象とします。ただし、下記で発表されている論文と今回の投稿論文の内容が全く異なるものでも構いません。
（1）『日本語の研究』『日本語文法』『言語研究』『社会言語科学』『日本語教育』等の学会誌及びそれに準ずるものに論文が複数掲載されていること。
（2）商業出版社にて本論文とは別内容の「単行本」の研究書が刊行されていること。
（3）商業出版社での「論文集」に掲載された内容が他の文献にて引用されるなど、一定の評価を得ていること。
当該論文およびその大部分が既に商業出版されている場合には審査の対象外とします。

2．応募方法について
郵便・FAX・E-mail にて
（1）執筆者の履歴及び研究略歴（論文及びその掲載元を含む）
（2）応募博士論文の要旨（800字程度）・目次・全体の文字数・受理先
をご連絡下さい。小社到着後、詳細を折り返しご連絡いたします。

日本語研究叢書(フロンティアシリーズ)

ポリー・ザトラウスキー
日本語研究叢書 5
日本語の談話の構造分析
1993.05.27　B5 判　232+88 ページ　4,200 円＋税　978-4-87424-080-1 C3081

著者が自ら収集した膨大な談話データから、日本語の談話において勧誘行動がどのような構造と形式を持つかを分析した労作。談話分析の先駆書であり、その手法から学ぶところは大きい。

野田春美
日本語研究叢書 9
「の(だ)」の機能
1997.10.17　A5 判　276 ページ　3,800 円＋税　978-4-87424-150-6 C3081

「の(だ)」の機能を包括的に考察し、その全体像を掴む。「の(だ)」は文を名詞文に準じる形に変えるものであるという考えに基づき、「の(だ)」の文と名詞文との共通性を重視し、かつ、名詞文との異なりにも注意をむけながら考察を進める。

安達太郎
日本語研究叢書 11
日本語疑問文における判断の諸相
1999.06.01　A5 判　240 ページ　3,800 円＋税　978-4-87424-175-1 C3081

疑問文は、相手から情報を引き出すだけでなく、情報を伝えさえする。疑問文の形式をもちながら平叙文的な情報伝達を担っている文をとりあげ、話し手の主観的な判断が疑問文にどのように反映するか、そしてそれが伝達の様相にどんな影響を与えるのかを考察する。モダリティ研究へ資する一冊。

李麗燕
日本語研究叢書 12
日本語母語話者の雑談における「物語」の研究
会話管理の観点から
2000.06.20　A5 判　278 ページ　3,800 円＋税　978-4-87424-194-8 C3081

雑談の中に現れる「物語＝(過去の経験や出来事を語ること)」に焦点を当て、その開始・終了・維持等のためにどんな言語行動をとるのかを分析。膨大な談話資料も提供可能。

山岡政紀
日本語研究叢書 13
日本語の述語と文機能
2000.10.15　A5 判　304 ページ　3,800 円＋税　978-4-87424-207-3 C3081

文の構造と機能との関係の記述に、文形式そのものの機能的意味(文機能)を中心に据え、理論的な枠組みを提起した意欲作。動詞・形容詞の語用論に新たな知見を提示。「現代日本語文の構造と機能について、体系的に可能な限り厳密に記述すること」を長期的な目的とする著者の意気込みが伝わってくる。

中村ちどり
日本語研究叢書 14
日本語の時間表現
2001.12.01　A5 判　224 ページ　3,800 円 + 税　978-4-87424-244-8 C3081

　　日本語の時間表現である副詞句と従属節、述語について分析。副詞句と従属節、複合的な述語について、語彙的時間情報といくつかの規則を考えることにより、アスペクトとテンスの解釈が構成的に行えることを提示。さらに時点を示す副詞句における助詞選択の要因についても分析。

佐々木冠
日本語研究叢書 16
水海道方言における格と文法関係
2004.03.05　A5 判　288 ページ　3,800 円 + 税　978-4-87424-281-2 C3081

　　水海道方言の格形式の意味上・統語上の性質を記述。有生格と無生格の対立、そして標準語で「の」や「に」が使われている領域において複数の格形式が使い分けられているといった、水海道方言の構文を明らかに。

許夏珮
日本語研究叢書 17
日本語学習者によるアスペクトの習得
2005.03.01　A5 判　200 ページ　3,800 円 + 税　978-4-87424-297-9 C3081

　　本格的な第二言語習得研究として、日本語のアスペクト表現の典型とされる「テイル」「テイタ」という言語形式に焦点をあてて、主に台湾人日本語学習者によるその習得過程を明らかにした一冊。

片岡喜代子
日本語研究叢書 18
日本語否定文の構造　かき混ぜ文と否定呼応表現
2006.11.01　A5 判　296 ページ　3,800 円 + 税　978-4-87424-365-7 C3081

　　日本語の否定呼応表現の構造を特定する試み。「シカ」や「誰も」のような否定呼応表現は、否定辞を構成素統御する位置にあり、否定辞の作用域にはないことなどを主張する。

名嶋義直
日本語研究叢書 19
ノダの意味・機能　関連性理論の観点から
2007.01.10　A5 判　336 ページ　3,800 円 + 税　978-4-87424-366-5 C3081

　　ノダ文について、関連性理論に代表される認知語用論的観点の枠組みから検討・仮説を立て、「発見のノダ文」「説明のノダ文」「命令・決意・忠告・願望のノダ文」「強調のノダ文」「そうなのか／そうなのだ」「推意のノダ文」の用法を仮説に沿って記述。その本質を明らかにしようとした意欲作。

有田節子
日本語研究叢書20
日本語条件文と時制節性
2007.05.30　A5判　224ページ　3,800円＋税　978-4-87424-382-4 C3081

　　日本語の完全時制節が必ず規定命題を表し、そのことから、規定性と二種類の不確定性の観点による条件文分類と日本語の条件形式が対応することを検証する。

庵功雄
日本語研究叢書21
日本語におけるテキストの結束性の研究
2007.10.20　A5判　246ページ　3,800円＋税　978-4-87424-399-2 C3081

　　近年さまざまなアプローチで研究が進みつつある談話・テキスト言語学の分野で、いままで困難と思われてきた文法的な手法にあえて取り組み、結束性という現象を手がかりに、注目すべき成果をあげた意欲作。

林青樺
日本語研究叢書22
現代日本語におけるヴォイスの諸相　事象のあり方との関わりから
2009.02.28　A5判　256ページ　3,800円＋税　978-4-87424-438-8 C3081

　　事象のあり方との関わりから、ヴォイスの対立・非対立問題や各構文の意味機能、そして自動性・他動性の問題などを中心に、現代日本語のヴォイスの諸現象を検討し論述。

王軼群
日本語研究叢書23
空間表現の日中対照研究
2009.11.10　A5判　176ページ　3,800円＋税　978-4-87424-462-3 C3081

　　日中両言語の起点表現、場所表現、移動動詞を中心に取り上げ、認知言語学的立場と類型論的立場から日本語と中国語における空間表現を比較対照し深く考察した意欲的論文。

戸次大介
日本語研究叢書24
日本語文法の形式理論　活用体系・統語構造・意味合成
2010.03.10　A5判　356ページ　4,200円＋税　978-4-87424-468-5 C3081

　　組合せ範疇文法（CCG）と高階動的論理に基づき「日本語の言語現象に対する網羅性」「計算機で扱うのに充分な形式的厳密性」「活用体系・統語構造・意味合成に亘る理論的統合性」を同時に満たす日本語文法を構築・提示する試み。

加藤陽子
日本語研究叢書 25
話し言葉における引用表現
2010.06.01　A5判　280ページ　3,800円＋税　978-4-87424-477-7 C3081

　日本語の話し言葉に現れる、主に「ト」「ッテ」引用標識で発話が終了する形式について、その機能、表現効果、使用の意義等について考察。その現象を正確に記述し、主に統語的・意味的・語用論的観点から立場から分析する。

陳志文
日本語研究叢書 26
現代日本語の計量文体論
2012.08.20　A5判　208ページ　3,800円＋税　978-4-87424-559-0 C3081

　現代日本語の代表的なジャンルとして新聞・雑誌・高校教科書の3つを採り上げ、統計的な方法を利用しそれぞれの文体類型を明らかにする。また3者の関係についても詳しく観察し、さらに文体の日中対照研究も行った、意欲的な書。